Para

com votos de paz.

Divaldo Franco
Pelo Espírito Amélia Rodrigues

TRIGO DE DEUS

EDITORA LEAL

Salvador
6. ed. – 2023

COPYRIGHT © (1993)
CENTRO ESPÍRITA CAMINHO DA REDENÇÃO
Rua Jayme Vieira Lima, 104
Pau da Lima, Salvador, BA.
CEP 412350-000
SITE: https://mansaodocaminho.com.br
EDIÇÃO: 6. ed. (4ª reimpressão) – 2023
TIRAGEM: 1.000 exemplares (milheiro: 31.500)
COORDENAÇÃO EDITORIAL
Lívia Maria C. Sousa

REVISÃO
Luciano Urpia
CAPA
Cláudio Urpia
MONTAGEM DE CAPA
Eduardo Lopez
EDITORAÇÃO ELETRÔNICA
Eduardo Lopez
COEDIÇÃO E PUBLICAÇÃO
Instituto Beneficente Boa Nova

PRODUÇÃO GRÁFICA
LIVRARIA ESPÍRITA ALVORADA EDITORA – LEAL
E-mail: editora.leal@cecr.com.br

DISTRIBUIÇÃO
INSTITUTO BENEFICENTE BOA NOVA
Av. Porto Ferreira, 1031, Parque Iracema. CEP 15809-020
Catanduva-SP.
Contatos: (17) 3531-4444 | (17) 99777-7413 (WhatsApp)
E-mail: boanova@boanova.net
Vendas on-line: https://www.livrarialeal.com.br

Dados Internacionais de Catalogação na Publicação (CIP)
(Catalogação na fonte)
BIBLIOTECA JOANNA DE ÂNGELIS

F825	FRANCO, Divaldo Pereira. (1927)
	Trigo de Deus. 6. ed. / Pelo Espírito Amélia Rodrigues [psicografado por] Divaldo Pereira Franco. Salvador: LEAL, 2023. 160 p. ISBN: 978-85-8266-094-2
	1. Espiritismo 2. Psicografia 3. Evangelho I. Franco, Divaldo II. Título
	CDD: 133.93

Bibliotecária responsável: Maria Suely de Castro Martins – CRB-5/509

DIREITOS RESERVADOS: todos os direitos de reprodução, cópia, comunicação ao público e exploração econômica desta obra estão reservados, única e exclusivamente, para o Centro Espírita Caminho da Redenção. Proibida a sua reprodução parcial ou total, por qualquer meio, sem expressa autorização, nos termos da Lei 9.610/98.
Impresso no Brasil | Presita en Brazilo

Sumário

Apresentação	7
Notícias históricas	11
1. Pescadores de almas	15
2. Presença em Cafarnaum	23
3. Sou eu	27
4. Eu que sou brando	31
5. Vidas áridas	37
6. O poema de Isaías	43
7. Naquele tempo	49
8. Não O receberam	55
9. Ela dorme	59
10. Era um sábado	65

11. Ele era cego	71
12. Arrependimento tardio	77
13. A consciência de culpa	83
14. A paciência de Jesus	89
15. Sofrimento e Jesus	95
16. A autoridade de Jesus	101
17. A oração dominical	107
18. O poema de libertação	113
19. O Senhor dos Espíritos	121
20. Jesus e avareza	127
21. Hino de alegria	133
22. Eis aqui o Homem	137
23. O Tabor e a imortalidade	143
24. Três vezes O negou	147
25. Apascenta o meu rebanho	153

Apresentação

Aqueles eram dias semelhantes a estes.

O poder temporal galopava o ginete das ambições desmedidas e submetia povos e nações ao talante das suas arbitrariedades.

A criatura humana, despojada dos direitos legais, embora triunfasse por um dia no fausto e na glória, noutro, vencida pelas guerras cruentas e incessantes, passava à condição servil, valendo menos que um animal de carga.

Os valores éticos, desconsiderados, estabeleciam o caos nos relacionamentos individuais e comunitários, facultando a hediondez e a predominância do egoísmo, que favoreciam o orgulho vil e conduziam as criaturas sob terríveis inquietações.

Dominavam a suspeita sistemática e a desconsideração moral, permitindo que os ideais da Humanidade fossem manipulados pelas conjunturas políticas odientas, que levavam aos escombros as construções espirituais e filosóficas do passado.

A Terra era, então, uma imensa seara, na qual o trigo se encontrava mirrado, vencido pelo escalracho destruidor.

A fome, a doença, a viuvez e a orfandade desvalidas davam-se as mãos, a fim de disputarem os cadáveres e se nutrirem dos restos que devoravam como chacais e lhes eram destinados pelos ricos nos arredores das cidades, além dos muros...

Mas hoje ainda permanece quase tudo assim.

Mudaram as épocas, aumentaram as populações, e prosseguem quase as mesmas causas da miséria, que é filha dileta do egoísmo e da avareza de alguns poucos homens, como ocorria naqueles tempos.

Foi nessa paisagem que Jesus veio apresentar a Doutrina de amor, propondo uma Nova Ordem fundamentada na solidariedade fraternal.

Todo Seu empenho centrou-se na transformação moral da criatura terrestre, que deveria considerar como essencial a sua destinação espiritual, portanto, eterna.

Abrindo a boca e os braços, Ele cantou a música sublime das bem-aventuranças e conclamou todos os seres a irem na Sua direção, pois que os albergaria no seio generoso.

Seu poema incomum tomou das coisas simples e transformou-as em diamantes estelares, como ninguém o fez com tanta eloquência.

Realizou mais do que anunciou; falou e comoveu as multidões; porém, foi mais importante o que não enunciou; poderoso, tornou-se frágil, e sábio, apresentou-se comum, *a fim de melhor fazer-se entender; viveu quase anônimo ao lado daqueles que O não podiam identificar...*

Presciente, aguardava os acontecimentos com naturalidade, negando-se às profecias atemorizantes e perturbadoras.

A Sua Boa-nova é toda uma cascata de luz e de alegria, prenunciando a vitória da vida sobre a morte, do bem sobre o mal, da bondade sobre a perversidade...

O trigo bom da Sua palavra lentamente foi-se generalizando na gleba imensa, enquanto a erva má era arrancada e levada à fogueira.

Depois d'Ele, quando o incêndio do amor tomou conta das vidas e os mártires se levantaram para glorificá-lO, colocando sobre os ombros as cruzes dos testemunhos, Inácio de Antioquia, Seu discípulo, denunciado e condenado, antes de seguir a Roma para o holocausto, declarou:

– Sou trigo de Deus e desejo ser triturado, e os dentes das feras devem moer-me, para que possa ser oferecido como limpo pão de Cristo.

Recusou o apoio dos amigos influentes na capital do Império, porquanto a sua maior ambição era a doação total, recordando o Seu amado Crucificado, cujo madeiro lhe pesava sobre os ombros.

(...) E desde então, a aceitação do Evangelho unia à pessoa o martírio futuro.

Hoje, ainda permanece assim.

As cruzes mudaram de forma e as suas traves são invisíveis; a fogueira é interior, e o circo aumentou as dimensões, alcançando todo o planeta...

Fidelidade a Jesus torna-se autoimolação com o sacrifício da renúncia.

O escárnio maldisfarçado e o menosprezo dos vitoriosos no mundo atiram suas pechas depreciativas naqueles que amam por Jesus e por Ele vivem.

Nem sempre são aceitos nas altas rodas, senão como personalidades singulares, estranhas, merecedoras de curiosidade e, logo depois, do desdém.

Podem chamar a atenção por um instante como exóticos, raramente, porém, recebem respeito e poucas vezes são tidos como honrados, mesmo que homenageados por um momento.

É natural que assim aconteça, e eles o sabem, porque o Reino, pelo qual anelam, não é deste mundo.

Vive-se a hora da grande transição, e as sombras que se adensam, logo mais serão diluídas pelo Sol do Novo Tempo.

O trigal estua na gleba terrestre, mas pouco é o trigo de Deus.

Examinamos e revimos alguns episódios da vida de Jesus naqueles memoráveis dias e os reunimos neste modesto livro, para estimular aqueles que O amam, chamar a atenção de quem não se interessa por Ele, ensejar reflexões cuidadosas nas almas que cultivam as Suas lições...

São revistas pela nossa óptica pessoal, como resultado de comentários e apontamentos que recolhemos em nossa Esfera de ação espiritual, na tentativa de participar do esforço dos cristãos-espíritas interessados em reviver o Mestre, no seu dia a dia, quando se indagam: – Nesta situação e circunstância em que me encontro, como faria Jesus?

São também recordações de que nos encontramos impregnada e que repassamos aos puros de coração, *aos* pobres de espírito, *aos* simples *e* desataviados, objetivando comer com eles o pão feito com o *trigo de Deus.*

Salvador, 30 de dezembro de 1992.
AMÉLIA RODRIGUES

Notícias históricas

Não obstante profundamente arraigado na História o pensamento cristão, ainda existem aqueles que teimam em negar a existência de Jesus, informando que Ele pertence à galeria dos mitos, bem como a Sua Doutrina é resultado de lendas e elaborações imaginosas, muito ao gosto da tradição oriental...

A linguagem dos fatos não lhes basta, e a palavra insuspeitada de inúmeros historiadores não lhes constitui prova.

Descomprometido, Flávio Josefo se refere à existência do Mestre e aos acontecimentos que Lhe cercaram a vida inscrevendo-O nos fastos do Império Romano sem qualquer riqueza de comentários.

A incomum adesão de milhares de pessoas em poucos anos após a Sua morte, as notáveis Cartas de Paulo e as narrações das testemunhas daqueles dias, que vieram a formar os Evangelhos, igualmente, para eles, não passam de suspeitosos documentos elaborados com o fim de torná-lO real, arrancando-O do campo conceptual para o terrestre.

Desencadeadas as perseguições contra os Seus seguidores, tanto na Palestina, logo após Sua morte, quanto em Roma, a partir de Nero, ou em todo o Império, quase imediatamente, historiadores criteriosos que se opunham à Doutrina teste-

*munharam a Sua realidade. Entre outros, Tácito, nos Anais,
15: 44, referindo-se ao incêndio de Roma e à acusação assacada por Nero e seus famanazes contra os cristãos, para livrarem-se da suspeita geral que lhes atribuía a responsabilidade
do crime, diz:*

*(...) Embora os conhecidos esforços humanos de todos,
os da liberalidade do imperador e dos sacrifícios oferecidos aos
deuses, nada era suficiente para liberar a crença, que se generalizava, de que o incêndio fora ordenado. Desse modo, para
acabar com esse rumor, Nero conseguiu encontrar os responsáveis nos cristãos, gentalha odiada por todos, em face de suas
abominações, e os castigou com incomum crueldade. Cristo, de
quem tomam o nome, foi executado por Pôncio Pilatos durante o reinado de Tibério. Detida por um instante, esta superstição daninha apareceu de novo, não somente na Judeia, onde
se encontrava o mal enraizado, mas igualmente em Roma, esse
lugar onde se narra, etc...*

*Apesar do parcialismo do historiador sobre a crença cristã, a sua referência em torno da morte de Jesus nos dias de
Pôncio Pilatos,* durante o reinado de Tibério, *testemunha a
existência real do Crucificado.*

*Para bem situarmos Jesus e Sua Doutrina no contexto histórico da Humanidade, devemos recuar um pouco mais
no tempo.*

Lendo-se o Evangelho de Lucas, anotamos que o nascimento de Jesus aconteceu durante o período de César Augusto, sendo Quirino o governador da Síria *(Lucas, 2: 2). E,
dando curso à narração, assevera-se* que foi nos dias de Herodes, rei da Judeia *(Lucas, 1: 5). Por sua vez, estudando a*

genealogia do Senhor, Mateus situa-O na História, e em Israel, informando que o Seu nascimento se deu nos dias do rei Herodes *(Mateus, 2:1)*. Aconteceu naqueles dias, *esclarece (Marcos, 1:9), reafirmando a sua existência plena e humana.*

O povo hebreu, que constituía uma ilha do monoteísmo no oceano politeísta, *deveria encontrar na Doutrina cristã o apoio para as suas assertivas, porquanto Jesus não combateu a tradição, a Lei, nem os profetas, mas antes veio* dar-lhes cumprimento, *na condição do Messias esperado, que não foi aceito pelo orgulho farisaico, nem pela soberba sacerdotal.*

Assim, no começo, o Cristianismo não era doutrina antagônica ao Judaísmo. Pelo contrário, os seus fundamentos se fixam na Revelação de Moisés, nos profetas, desvestidos, porém, dos cultos externos, das aparências, dos convencionalismos, dos radicalismos e exageros, da hipocrisia que caracterizava a observância religiosa, interessada mais nos valores do mundo que nos do espírito.

A simplicidade e a pureza real pregadas por Jesus entravam em choque com o poder temporal e as paixões mundanas, que disputavam primazia e destaque, mesmo que em detrimento de outras criaturas então reduzidas à condição de ralé.

Com o tempo, à medida que os judeus ortodoxos investiam contra a doutrina de libertação, foi-se criando uma fissura, que se alargou, até o momento em que os dogmas, alterando o pensamento primitivo do Mestre, e as adaptações ao paganismo greco-romano criaram um deturpado Cristianismo, que deixava a condição de vítima gloriosa do poder temporal, para tornar-se algoz dos que se lhe opunham, ou que, mesmo sendo favoráveis, não concordavam com os desmandos dos seus líderes nem com sua conduta absurda, abominável.

Ocorre que todo pensamento que se populariza, à medida que se expande das nascentes, sofre as injunções do percurso e dos condicionamentos ancestrais daqueles que o aceitam, gerando confusão.

É semelhante ao que sucede à água pura da fonte que corre pelo solo lodoso que lhe serve de leito...

Prevendo essa ocorrência infeliz, Jesus prometeu o Consolador, *que viria restaurar a* Sua palavra esquecida, dizer coisas novas *e* ficar para sempre *com os Seus discípulos (João, 14: 16 e seguintes).*

O Consolador encontra-se na Terra há mais de um século, e a restauração tem começo confirmando Jesus e Sua Doutrina, na História, como o caminho seguro e único para a plenificação.

1
PESCADORES DE ALMAS

Pairavam no ar desconhecidas vibrações de paz e alegria. Quase inaudível, escutava-se uma sinfonia que chegava de longe, tão suave como nunca se ouvira antes.

Aquela era uma região aprazível e abençoada. O lago, espelho imenso refletindo o céu, emoldurava-se de praias largas, adornadas de árvores vetustas e da grama verde, que parecia escorregar dos aclives cortados por ribeirinhos, nos quais se amontoavam as casas de pedras, que se multiplicavam nos vilarejos, povoados e cidades.

A Galileia, bela e simples, fora o cenário escolhido pelo Cantor, para apresentar a Sua mensagem e embalar o mundo com a Sua voz.

Em Cafarnaum todos se conheciam. Suas praias e ancoradouros sempre regurgitavam de pescadores, de negociantes, de *homens da terra*.

A profissão tradicional de amantes do mar passava de pais para filhos, de geração em geração.

Homens rudes e generosos, em face do trabalho a que se dedicavam, confraternizavam com vinhateiros, agricultores, as gentes humildes, que raramente se envolviam com as questões discutidas na sinagoga, desinteressados dos problemas das classes abastadas.

A vida pulsava naquelas áreas, no mercado, e os viajantes de outras províncias ali narravam os acontecimentos dos lugares distantes, causando deslumbramento.

As caravanas que venciam o Jordão, no rumo dos países fabulosos, seguiam outros caminhos, e os acontecimentos ali permaneciam inalterados.

A natureza bordara a paisagem com tons escarlates, e as boninas misturavam-se com as papoulas de haste esguia salpicando cores em toda parte.

Os problemas do cotidiano repetiam-se quase monótonos, sem alterarem o ritmo de vida das pessoas.

Por isso mesmo, percebia-se, sem palavras, que algo estava para acontecer.

A notícia chegou aos ouvidos do povo como uma eclosão de alegrias, embora confusamente.

Narrava-se que um homem singular e profeta aparecera e informara ser o *Filho de Deus*.

Não trazia insígnias, nem se fazia acompanhar de séquito algum deslumbrante.

Surgira inesperadamente e manifestara-se a pessoas diferentes, esclarecendo que viera fundar um reino de amor e de justiça para os deserdados e sofredores.

O mundo sempre esteve repleto de deserdados e sofredores. Marginalizados, em todos os tempos buscavam consolo e a herança da paz. Nunca houve quem os quisesse escutar ou socorrer. Formavam multidões e viviam escassamente, na miséria, na sordidez, no abandono...

Alguém interessar-se por eles era-lhes uma grande surpresa, desconcertante ventura a que não estavam acostumados.

A Boa-nova, portanto, espalhou-se com velocidade, e adiantando-se que, no sábado, Ele falaria num monte próximo a Cafarnaum.

Simão, também conhecido como Cefas, era irmão de André, ambos pescadores.

As suas preocupações restringiam-se às necessidades básicas da família, da vida. Sem aspirações maiores, limitavam-se à faina da pesca, à venda dos *frutos do mar* e aos deveres consequentes de uma existência simples.

Os amigos narraram-lhes as novidades, acrescentando, naturalmente, detalhes da própria imaginação.

As criaturas anelam por salvadores, que lhes solucionem os problemas, ajam nos momentos dos desafios e atuem por elas. Há uma latente irresponsabilidade, que deseja viver sem o trabalho, sem o sofrimento.

Em razão disso, a esperança de paz sempre se turba com a ambição da ociosidade.

Simão era homem céptico, sem sutilezas de comportamento.

Portador dos conflitos humanos naturais, enrijecera a fibra moral na atividade a que se entregava, desinteressando-se praticamente de tudo mais.

Ouvindo as informações e sentindo o entusiasmo ingênuo dos amigos, experimentou um desconhecido ressentimento do estranho Profeta, que certamente era mais um mistificador que vivia explorando a ignorância das massas.

Recusou-se a ir ouvi-lO.

Algo, porém, remoía-se-lhe intimamente, e uma estranha curiosidade empurrou-o, pela madrugada do sábado, a empreender a marcha na direção do lugar onde Ele iria apresentar-se.

Respirando o ar balsâmico e frio do amanhecer, o pescador viu-se surpreendido pelo número de pessoas silenciosas que seguiam pela estrada real.

Os rostos apresentavam-se expectantes uns, tensos outros; em todos, porém, estavam os sinais da esperança.

Enfermos de vários matizes eram conduzidos: cegos, coxos, paralíticos carregados, obsidiados, dementes, anciãos e outros cujas doenças eram a idade avançada, o desgaste, o abandono irrecuperável...

Um misto de piedade e ira tomou Simão.

Como as pessoas lhe pareciam estúpidas, entregando-se a qualquer aventureiro que surgisse – pensava, contrariado.

Quando atingiu o acume do cerro, a multidão era densa.

Dali podia-se ver o mar querido, refletindo o fogo do dia nascente.

Procurou ouvir alguns comentários. Todos falavam sobre as próprias necessidades e expectativas de receber ajuda, solução para os problemas.

Naturalmente, acercou-se das primeiras filas, que renteavam uma larga pedra, qual se fora um palco natural no imenso cenário da natureza.

À medida que o Sol bordava de luz a terra, o vozerio aumentava e as queixas misturavam-se nas bocas dos sofredores.

Subitamente Ele apareceu: esguio e belo, o rosto magro e queimado adornava-se de barba e cabelos à nazarena, onde brilhavam olhos transparentes como duas estrelas engastadas. A túnica descia-lhe até os pés, tecida na roca, em tom carregado de mármore...

Majestático, a Sua figura impôs silêncio sem dizer nada. Uma exclamação de júbilo escapou dos lábios da multidão ao vê-lO.

Após os momentos de expectativa, Ele falou:

— *A hora é esta, para a grande revolução pelo Reino de Deus.*

Enquanto no mundo, a criatura somente experimenta aflições, porque tudo a quanto se aferra é efêmero. São passageiros os prazeres, o poder, a fortuna, a saúde, o próprio corpo... Essa ilusão de gozo é a geradora dos sofrimentos, em razão da transitoriedade dele e de como passam todas as coisas, por mais sejam aguardadas. Quando chegam e começam a ser fruídas, já se encontram em deperecimento, de passagem, deixando memórias, frustrações, ansiedades novas, amarguras...

O homem, prudente e sábio, que pensa no amanhã, reserva-se bens duradouros, que lhe favoreçem tranquilidade e repouso. Esses bens imorredouros são as ações do amor, que proporcionam a paz, o esforço para domar as paixões inferiores, que oferecem a felicidade.

Fez um silêncio oportuno, a fim de facultar entendimento, reflexão, aos ouvintes:

Logo mais, prosseguiu:

— *Eu vos convido a virdes comigo, para a fundação da Nova Era, que se instalará nos corações, modificando as estruturas atuais e instaurando o primado do amor...*

Quando ia prosseguir, uma mulher, que trazia nos braços uma criança cega, rogou:

– Senhor, cura minha filha, e eu Te seguirei.

Os olhos da multidão, n'Ele cravados, voltaram-se na direção daquela que se atrevera a interrompê-lO.

Por encontrar-se atrás de Simão e porque, trêmula, chorava, o pescador tomou-lhe a menina nos braços e avançou até a primeira fila.

Jesus acercou-se e mergulhou nos olhos de Simão o Seu doce olhar, sem uma palavra. No entanto, emocionado, ele pareceu escutar, no íntimo, a Sua voz, que dizia: – *Eu te conheço Simão, desde ontem...*

Acompanhou-Lhe a mão, cujos dedos tocaram os olhos mortos da criança e ouviu-O falar: – *Vê, filha, em nome de meu Pai.*

A criança começou a chorar e gritar: – *Eu vejo, eu enxergo!*

A mãe avançou e arrebatou-a, estuante.

Quando Ele desceu o braço, a manga da túnica roçou o tórax de Simão, que estremeceu, mergulhado na luz dos Seus olhos, e ali ficou, paralisado, havendo perdido o contato com o mundo sensorial.

Ao retornar à realidade, sob a ardência do dia, estava a sós; todos se haviam ido; a hora avançava.

Simão, profundamente comovido, desceu a Cafarnaum.

Já não era o mesmo. Nunca mais voltaria a ser o que fora. O que se passou nele modificou-lhe a vida para todo o sempre, a partir daquele momento.

Interrogando-se, desejava saber de onde e desde quando O conhecia e O amava...

Na acústica da alma, ressoava-lhe a voz, confirmando, *desde ontem...*

André e os amigos notaram-lhe a modificação e a súbita tristeza que lhe refletia no rosto.

O encontro com a Verdade liberta e algema o ser. Desencarcera-o do mundo e *aprisiona-o* à Vida. Produz júbilo e traz melancolia. É pão que alimenta, mas nutre somente a pouco e pouco, até satisfazer plenamente.

Simão fez-se taciturno, como quem aguarda, embora permanecesse gentil e cumpridor dos deveres.

Foi nesse estado de espírito que, em formosa manhã, enquanto organizava as redes com o irmão, foi surpreendido pela presença do Amigo, que se lhes acercou e, com uma voz inesquecível, convidou-os:

– *Segui-me, e eu vos farei pescadores de homens.*[1]

Sem nenhuma contestação, eles abandonaram as redes e, embevecidos, dominados pela Sua presença, seguiram-nO.

Amo que chama os *servos*, *senhor* que conduz *escravos*, Ele os tomou e fez de suas vidas um poema de felicidade, com eles escrevendo a mais comovedora história do mundo, enquanto lançava as fundações do *Reino de Deus* nos corações.

Pescadores de almas, Ele os fez!

---

1. Mateus, 4:19 (nota da autora espiritual).

2
Presença em Cafarnaum

A região escolhida para a base operacional do Seu ministério não poderia ser outra em Israel.

De Jericó até as águas profundas do Genezaré, o verde luxuriante confraternizava com o azul transparente dos céus.

A terra, sorrindo flores silvestres e recoberta de árvores generosas, recebia os ventos gentis do entardecer e das noites agradáveis, salpicadas de estrelas luminíferas.

Por isso Jesus elegeu a Galileia, onde a alma simples e nobre das gentes afeiçoadas ao trabalho poderia fascinar-se com a música da Sua palavra libertadora.

Em Nazaré, as dificuldades familiares e as lutas derivadas da inveja colocaram as primeiras barreiras ante o desafio de implantar nas paisagens dos corações o *Reino de Deus*.

Na Galileia bucólica, porém, beijada pelas espumas incessantes das vagas do mar, entre tamarindeiros e latadas floridas, os pescadores, os vinhateiros, os agricultores tinham os ouvidos abertos para a mensagem da luz.

Cafarnaum, Magdala, Dalmanuta faziam recordar pérolas engastadas na coroa de um rei, a duzentos metros abaixo do nível do Mediterrâneo, encravadas como um diamante estelar para refletir a beleza do firmamento.

Cafarnaum notabilizara-se pela sua sinagoga, pelo movimentado comércio e pelas águas piscosas de onde se retirava o alimento diário. E pelas terras férteis que escorriam na direção das águas, atendidas por filetes de córregos velozes que se avolumavam.

Ali Jesus situou o fulcro do Seu ministério, e foi na casa de Simão Bar Jonas que Ele estabeleceu o piloti para erguer posteriormente o Seu Reino.

Crivado de interrogações que a ingenuidade dos pescadores arquitetava, Ele respondia mediante a linguagem florida das parábolas, enternecendo-lhes as almas por usar as palavras simples da boca do povo e profundas da Sabedoria Divina.

Inquirido a respeito da política arbitrária pela governança injusta, desviava o assunto, apontando a política do amor e a governança divina em cujo bojo todas as criaturas se encontram.

Observado com suspeição pela massa, e aceito sob desconfiança, Ele enriquecia as mentes com os mais belos fenômenos da Sua poderosa força, demonstrando, pelos sucessivos silêncios, ser o Messias esperado.

A doença que fere o corpo procede do Espírito mutilado.

O Espírito enfermo tem as suas raízes nas imperfeições que o caracterizam.

Enquanto o homem não realiza o ministério da santificação interior, o corpo se abrirá em chagas purulentas e o coração ficará despedaçado de angústia.

Não seja, pois, de estranhar que o séquito das dores compunha a sinfonia trágica das necessidades humanas onde quer que Ele aparecesse.

Cantor da vida, mergulhava no barro pegajoso das inquietações e injunções dolorosas daqueles a quem veio socorrer.

Consolador, via-se constrangido a descer às questiúnculas do poviléu, para dirimir conflitos e conduzir a Deus com segurança as almas ingênuas.

Mensageiro da cura total, detinha-se a remendar os farrapos orgânicos que as mentes invigilantes voltavam a romper.

Não se cansava nunca.

Jamais se escusava.

Em tempo algum se omitia, a ponto de entregar-se em pujança de vida para redimir todas as vidas.

Iniciando o ministério, chegou à casa de Simão e encontrou-lhe enferma a sogra, que definhava sob injunção de febre, e, tocando-lhe a mão, fez que se arrefecesse a temperatura elevada.

Feliz, de imediato, a veneranda mulher, recuperada nas forças, serviu ao ritmo da festa, que lhe estrugia no sentimento como flores de gratidão.

Porque a notícia corresse pela circunvizinhança de que Ele ali se encontrava na condição de Grande Luz, afluíram, desesperados, os enfermos para que lhes retificasse as conjunturas orgânicas...

Médiuns em aturdimento, sob injunção de obsessores vorazes, receberam a mão generosa que os libertou da alucinação alienadora.

Subjugados em largos períodos de obsessões, foram desalgemados e colocados na claridade inefável da saúde.

Portadores de tormentos profundos do ser, sob o domínio impiedoso de hostes infelizes, recuperaram a lucidez para resgatar sob outras condições, com a mente livre das punições selvagens da treva dominadora...

Por essa razão, o Seu nome foi repetido de boca em boca, enquanto o mar, em vagas sucessivas, aplaudia as homenagens que Lhe eram dirigidas em ósculos de espumas brancas nas areias *ávidas*.

Jesus é o ápice das aspirações humanas.

Enquanto todos sorriam de júbilos, Ele compreendia quanto era célere o reconhecimento humano e fugaz a afeição daqueles amigos.

Não obstante, amou-os, a fim de que eles tivessem vida, e vida abundante.

Não foi sem razão que escolheu aquela região, especialmente Cafarnaum, para que nas noites perfumadas da Galileia ridente, em arameu Ele cantasse a epopeia do Evangelho aos corações, onde a musicalidade sublime da Natureza em flor inaugurasse a Era do Amor para todo o sempre.

3
SOU EU[2]

A cena incomparável da restituição da vista ao cego de nascença produzira um impacto singular e poderoso nos que o conheciam.

Havendo nascido nas sombras da cegueira, o jovem tornara-se mendigo. Exibia sua aflição à misericórdia dos passantes, que o consideravam *filho do pecado*.

Preconceituoso, na sua imensa ignorância, o povo, à época, desdenhava os enfermos e considerava-os punidos por Deus. A impiedade dessa atitude decorrente caracterizava os *eleitos* que, dia a dia, mais se distanciavam do objetivo sagrado da vida, que é o amor.

Com a escudela na mão, o infortunado suplicava ajuda, até o momento em que Jesus o resgatou da treva exterior.

Pode-se-lhe imaginar o júbilo, a emoção!

Apresentara-se à família e aos amigos, dando a notícia feliz. Nunca, porém, esperava reação em contrário.

Não conhecia os homens, ignorava o mundo.

Como o evento sucedera em um sábado, a hipocrisia farisaica convocou-o a depoimento e inquirição sórdi-

---

2. João, 9: 1 a 41 (nota da autora espiritual)

da, assinalada por ameaças, desprezo da sua palavra e dúvida quanto à evidência de que fora portador.

Os pais, acovardados ante a truculência predominante nos poderosos, ao serem interrogados, responderam que o jovem, sim, era seu filho, que nascera cego, porém, como sucedera a cura, não sabiam, somente ele o poderia informar com segurança, pois já era responsável por si mesmo, tinha *idade para depor*.

Desse modo, ele repetiu com riqueza de detalhes e ingenuidade, como ocorrera o fato libertador.

Instado a afirmar que Jesus era pecador, não teve alternativa em discrepar dos arrogantes, indagando, como poderia alguém que não fosse de Deus realizar o que Ele conseguira.

E, inesperadamente, perguntou-lhes se queriam ser Seus discípulos.

A resposta e a pergunta lúcida, chocando os seus algozes, fizeram que o expulsassem da sinagoga.

Repete-se o fato desse tipo de agressão todos os dias.

Urdindo as malhas do ódio com os tecidos da inveja, o competidor desforça nos fracos a sua fragilidade, por não poder superar aqueles a quem combate.

Solitário, ao domínio da própria pequenez, não se faz solidário aos que o podem agigantar.

Calunia porque não acredita nos outros, em face das dúvidas que o assaltam em relação aos valores morais que não possui.

Presunçoso, ostenta a fatuidade por lhe escassearem os legítimos bens do espírito.

Árido nas emoções, é insensível nas ações.

Pululam no mundo esses biótipos atormentados, em todos os tempos, formando a legião dos infelizes infelicitadores.

Jesus não se poderia furtar à sanha deles. Ninguém avança nos ideais de engrandecimento humano passando incólume diante deles.

Nenhuma evidência leva-os à constatação do bem, que os violenta; e, por isso, são duplamente cegos: da razão e do discernimento, embora vejam...

Seria natural que expulsassem o recém-curado da sinagoga, ante a impossibilidade de o recolocarem na cegueira.

Aquele sábado assinalava experiência nova, arrebatadora.

Desconsiderando o preceito hipócrita de guardá-lo, Jesus recuperou inúmeros enfermos nesse dia, demonstrando que ele fora feito para as criaturas e não estas para se lhe submeterem.

A fúria dos zelotes, que preferiam a aparência cuidadosa à realidade profunda, sempre explodia com azedume, exprobando o Senhor, porque não podiam fazer o que Ele realizava...

Sabendo que o jovem fora expulso da sinagoga, Jesus chamou-o.

No moço cantavam as músicas felizes da recuperação.

Os conhecidos discutiam quanto a ser ele o ex-cego ou alguém parecido com ele.

O seu depoimento, repetido, mais causava espanto, enquanto no seu mundo íntimo as emoções eram de superlativa alegria.

Sair da treva para a luz, inesperadamente, constituía-lhe prêmio, *porque nem ele nem seus pais haviam pecado*, mas assim viera para contribuir em favor do *Reino de Deus*.

A sua atual reencarnação não era de resgate, antes de aprimoramento íntimo.

Diante do Mestre, comovido, ele escutou:

– *Conheces o Filho do Homem?* – interrogou-lhe o Benfeitor Divino.

– Não, Senhor.

– *Pois sou eu. Crês que eu seja o emissário do Pai Todo-Poderoso?*

Sem titubear, ele, que recebera a grandiosa dádiva, redarguiu:

– *Sim, eu creio. Eu era cego, e agora vejo. Eu creio, Senhor!*

A palavra do Mestre teceu comentários sobre a cegueira dos que enxergavam, atingindo os que acompanhavam a cena e recalcitraram, dizendo-se ofendidos.

– *Se fôsseis cegos, não teríeis pecado algum* – redarguiu o Mestre –, *mas como vedes, vossos pecados são mais graves.*

Os cegos espirituais têm os olhos como candeias acesas, mas sua luz não os liberta das sombras densas da ignorância.

Bem-aventurados, no entanto, os cegos do corpo, cujo Espírito vê e discerne a verdade.

O Mensageiro do Pai abria os olhos do mundo, naquele momento, e implantava as bases da Era Nova, que até hoje ainda não foram identificadas por muitos dos seus seguidores, que permanecem cegos para com a Verdade e não se deram conta que Ele é.

4

EU QUE SOU BRANDO

Os astros eram crisântemos luminíferos incrustados no velário da noite; no entanto, pareciam lanternas mágicas lucilando ao longe...

O dia fora especialmente sufocante.

À ardência do Sol uniam-se as necessidades que empurraram multidões compactas a Cafarnaum, na busca de consolo e pão, que as mãos generosas do Rabi distribuíram em abundância.

Mar humano em agitação, os grupos sucediam-se intérminos, como se todas as dores se houvessem homiziado nos seus corações e o Mestre devesse atendê-las, sem cessar...

O aspecto dos infelizes enternecia e chocava.

As chagas morais expostas, na maioria, em feridas purulentas, confraternizavam com as perversões que há muito levaram aos estados de alucinação.

Aos magotes, misturavam-se leprosos a crianças em andrajos, e os estropiados conduziam cegos, que blasfemavam.

Todos desejavam solução urgente para os desenganos e exulcerações, sem manterem dignidade ante a dor nem tolerância uns em relação aos outros.

Engalfinhavam-se em discussões insensatas por motivos nenhuns, o que demonstrava o atraso moral em que estagiavam, e não raro terminavam em pugilato vergonhoso.

A presença de Jesus magnetizava-os, acalmando-os, já que ficavam na expectativa de serem atendidos.

Com incomum compaixão, Ele socorria mediante a ação suavizadora e a palavra de esclarecimento, logrando assim asserenar a maré agitada dos corações.

Mal terminava de atender um grupo e outro chegava, repetindo as mesmas paisagens morais.

A notícia dos Seus feitos, como um perfume que se espraiara no ar, chegava às regiões mais distantes, e os infelizes acorriam exaustos, ansiosos, na Sua busca.

Ele nunca deixava de os atender, envolto no halo da ternura, da piedade e do amor que O caracterizava.

A noite, desse modo, ainda se apresentava morna, e os ventos brandos começaram a amenizá-la.

O Senhor, após o repasto singelo, buscou a praia, e sentando-se, deixou-se mergulhar em profundas reflexões.

Acercando-se com discreto respeito, João, o discípulo amado, assentou-se ao Seu lado e, contemplando-Lhe o perfil recortado no claro-escuro da noite estrelada, embriagou-se de emoção...

Percebendo-lhe a presença querida, o Divino Amigo sorriu, esperando que o jovem exteriorizasse os pensamentos.

Jesus sempre aguardava.

Conhecendo o ser humano desde o seu princípio, nunca se apressava.

Deixava-se inquirir.

Sentindo-se carinhosamente recebido, o filho de Salomé e Zebedeu externou, medindo as palavras:

– Quanta misericórdia do Pai Celeste para conosco! As multidões se renovam e o amor é sempre o mesmo! Semelhante à fonte gentil, quanto mais se lhe retira o líquido, mais parece produzi-lo.

E com ênfase, interrogou:

– De onde procedem tantos males que aturdem os seres humanos, Senhor? São tão diferenciadas as dores! No entanto, todos aqueles que as sofrem se apresentam desesperados, em rebeldia, vencidos! Por que, Mestre?

Compreendendo o interesse do jovem em penetrar na causalidade dos sofrimentos, o Benfeitor olhou a noite em volta, e elucidou:

– Recordas-te da pergunta que me dirigiram sobre o cego de nascença, os nossos companheiros? Indagaram-me se fora ele ou seus pais quem havia pecado, para que ele nascesse cego.

Quando lhes redargui que nem um nem os outros, desejei elucidar que, voluntário, o invidente se candidatara a servir de instrumento na dor, para que as obras de meu Pai por mim se realizassem. E, em face dessa conduta, curei-o...

– Mas, Mestre – interrompeu-O, o moço interessado –, *se ele era cego de nascença, teria pecado antes? Quando isso teria acontecido?*

– João – esclareceu o Mestre –, *o Espírito tem a sua origem no silêncio dos tempos passados, e avança mediante experiências corporais sucessivas. O nascimento na carne é continuação da vida, assim como a morte é prosseguimento em outro nível de vibração. Em cada etapa se adquire conhecimento ou sentimento, avançando sempre, a esforço do amor ou da aflição.*

Quando erra e se compromete, retorna à mesma situação para aprender e reparar. O sofrimento é o educandário que o

Divaldo Franco / Amélia Rodrigues

disciplina e corrige, impulsionando-o para a frente, sem solução de continuidade, até quando, depurado, adianta-se sem chaga e deixa que brilhe a luz do bem que em todos jaz.

– *E por que sofrem os bons, enquanto os maus parecem progredir?* – insistiu.

O Pastor afável entendeu o questionamento e, sem enfado, explicou:

– *Aqueles que hoje vemos como bons são as mesmas pessoas que antes exerceram a maldade, quando poderiam ser nobres que optaram pelo crime e agora recomeçam o caminho, alquebrados pelo sofrimento; que compreendem a necessidade de elevar-se, embora a contributo das aflições... Eles serão consolados. Enquanto isto sucede, o Pai Amantíssimo proporciona, aos outros, oportunidades de ação dignificante, os quais preferem utilizar prejudicialmente, gerando os efeitos tormentosos que advirão no futuro...*

O tempo é um suceder infinito de horas, e como não há pressa na evolução, todos se elevarão mediante a escolha pessoal. Eu tenho ensinado o amor, por ser o único processo de viver sem sofrer, sem promover futuras aflições para si mesmo. Todavia, os homens, preferindo ignorar a verdade, desejam a saúde para desperdiçá-la; a alegria para atirá-la fora; a paz para convertê-la em conflito. Na sua insensatez, não se detêm a meditar na realidade transitória da vida física, e na outra Realidade, a do ser eterno...

– *Como, porém, mudar essa situação?* – Indagou, com sincera emoção.

O Amigo levantou-se e, fitando o mar, agora calmo, salpicado de barcos no lençol das águas, em faina de pesca, concluiu:

— A única solução para o encontro da felicidade é não fazer a outrem o que não gostaria que este lhe fizesse... E a alternativa é vir a mim todos os que se encontram cansados e aflitos, tomando sobre os ombros o meu fardo e recebendo o meu jugo, pois só assim eu os consolarei...[3]

Não necessitava dizer mais nada.

As ânsias da natureza silenciaram na paisagem da noite em festival de estrelas.

Distendendo a mão na direção do amoroso discípulo, e, em silêncio, Jesus rumou com ele para a intimidade da casa adormecida de Simão.

---

3. Mateus, 11: 28 a 30 (nota da autora espiritual).

5
VIDAS ÁRIDAS

Aquela era uma árida região, quanto áridos eram os corações que a habitavam.

O cativeiro prolongado, por mais de uma vez, no Egito e na Babilônia, tornara aquele povo pastoril insensível ao sofrimento, insensibilidade essa que passou de geração a geração, tornando as pessoas indiferentes às aflições do próximo.

A presença suave e doce de Jesus não lhe produzia alteração emocional, tão marcadas se encontravam as vidas, que se desacostumaram ao amor. Não raro, pelo contrário, Sua conduta provocava a ira dos fariseus empedernidos e do povo insensato.

Desfilavam em toda parte as dores que maceravam os seres e a que todos se encontravam acostumados, sem que a solidariedade e a compaixão distendessem mãos generosas em seu socorro.

A tradição somava às aflições uma terrível pena, asseverando que os enfermos e estropiados se encontravam sob a indiferença de Deus, porque viviam em pecado. Quando os não expulsavam das suas cidades – aos portadores de males mais graves – concediam-lhes a atitude de desprezo.

Uma vez, na Páscoa, os mais ricos abriam suas propriedades aos mais pobres e permitiam-se ajudá-los com esmolas para suavizar a consciência de culpa. Logo, no outro dia, retornavam à frieza e à desconsideração para com eles.

A saúde era, então, um estado especial mui raro, e por isso o período médio de vida corporal, como ocorria noutros países, era baixo.

Jesus, porém, amava esse povo. Queria resgatá-lo da própria presunção.

Viera para que todos os povos tivessem vida e a aproveitassem com elevação.

Oásis de monoteísmo no imenso deserto politeísta, Israel não sintonizava com o perdão, reverenciando Moisés, seu legislador máximo, e a *Lei do Talião*.

Sabendo que os fariseus pretendiam matá-lO, na cidade onde curava enfermos, vencidos pela inveja e a sordidez que os dominavam, Ele transferiu-se de lugar.

Não que temesse a morte, pois que para o testemunho viera. Somente que não era aquela a Sua hora. Fazia-se-Lhe necessário divulgar as bases do Reino de Deus e preparar a Era Nova.

Assim, chegando àquela cidade, na árida região, fora antecedido pelas notícias desencontradas a Seu respeito.

As referências conflitantes geraram um clima de expectativa relativamente hostil e desagradável contra Ele.

Ao ser identificado, trouxeram-Lhe um homem estigmatizado pela miséria orgânica: era cego e mudo.

Quando a enfermidade começou a dominá-lo, o jovem experimentou infinito desconforto moral. Tinha a sensação de que uma força dominadora passou a constringi-lo e esmagá-lo lentamente.

Sonhava que percorria longos e escuros caminhos sob a perseguição inclemente de um ser que o odiava, deixando-o aturdido e agoniado. Despertava sempre banhado por álgidos suores, vencido por abatimento crescente. Receava dormir, a partir de então, sofrendo, com antecedência, os pesadelos que o aguardavam.

A perturbação espiritual de que se fizera objeto aniquilara-o emocionalmente.

Lentamente sentiu-se subjugado, perdeu a visão, sentiu que a voz emudecera, entorpecida na garganta túrgida... Não mais pôde falar.

Vencido, deixou-se arrastar pela desdita e, vez que outra, descontrolava-se sob alucinação lamentável.

Ficou identificado como endemoninhado.

Lograva raciocinar, nos interregnos das crises, anelando pelo retorno da saúde. Deixava-se, então, dominar pelas lágrimas da saudade dos prados verdes com anêmonas e balsaminas em flor, e dos pássaros coloridos que flutuavam nos *rios* dos ventos...

Acalentava o desejo de retornar às paisagens de equilíbrio, mas, já não tinha esperanças...

Ele passava, atônito, no momento em que os fariseus e o povo cercaram o Visitante.[4]

Sem entender o que acontecia, sentiu-se empurrado violentamente, e, sem compreender o que ocorria, experimentou um frêmito quando alguém o tocou suavemente

---

4. Mateus, 12:22 a 37 (nota da autora espiritual).

e transmitiu-lhe uma energia tão poderosa que o arrancou das sombras espessas e trouxe-lhe a claridade aos olhos. Escamas pesadas pareceram cair das vistas e ele viu o olhar luminoso que o envolvia, como raios divinos que se exteriorizavam de um rosto belo e tranquilo.

Não saíra da surpresa, que o levara quase ao estupor, quando sentiu novamente a mão poderosa tocar-lhe a boca.

Percebeu que um estrondo profundo iria arrebentar-lhe os tímpanos, e então passou a falar. Destravou-se-lhe a língua.

Desejou gritar, agradecer o acontecimento, expressar alegria. Estava, porém, emocionado, em êxtase de felicidade, que nenhuma palavra podia traduzir.

Jesus continuou curando, e foram muitos os que se recuperaram.

A alegria bordava de felicidade aqueles sofredores desacostumados ao festival de ternura.

Desconcertados, os inimigos da Verdade logo encontraram outro meio de O atacar e exclamaram:

— Ele expele os demônios por Belzebu, chefe dos demônios.

Era o máximo da estupidez e da ousadia: conceber que o mal pode fazer o bem e que a treva inunda o mundo de luz.

O Mestre perpassou o olhar pela multidão e, compadecido do logro em que esta se encontrava sob a astúcia farisaica, ripostou:

— *Se Satanás expele Satanás, está dividido contra si mesmo; como, então, subsistirá o seu reino? Se eu expulso os demônios por Belzebu, por quem os expelem vossos filhos?*

O Verbo libertador advertiu os insensatos e desonestos condutores religiosos do povo, e explicou que a blasfêmia contra o Espírito Santo, essa plêiade de Enviados de Deus para amenizar as dores do mundo, não tem perdão, exige dos infratores a reparação inadiável.

Conhecia-lhes a desonestidade, a forma hábil de enganar, em que se tornaram exímios os religiosos-políticos, bajuladores dos poderosos e escravizadores do povo.

Perscrutando-lhes os escaninhos da alma infeliz, sabia que o pior inimigo do homem é a sua inferioridade, e que esta somente desaparece a esforço de trabalho, ao contributo das lágrimas e da solidão.

Aquela era uma árida região e áridos eram também os corações que a habitavam.

Sarças e espinheiros medravam nas pedras e nos sentimentos. Assim mesmo, Ele semeou a esperança e acenou aos sofredores as possibilidades da ventura mediante a experiência do amor.

6

O POEMA DE ISAÍAS

O Semeador de bênçãos distendia Sua misericórdia por toda parte. Aonde chegava, as multidões O cercavam, exibindo-Lhe as misérias que as consumiam e suplicavam-Lhe socorro.

Compassivo, entendendo a gênese do mal e a necessidade de apoio aos que eram suas vítimas, amparava os sofredores, retirando-lhes as mazelas por algum tempo, ensinando como erradicá-las depois, mediante o contributo da vontade e do esforço pessoal de cada um.

Incompreendido em todo lugar, Ele transferia-se de cidade e de aldeia, sem nunca abandonar o labor misericordioso.

Não havia lugar para Ele, e quase que ainda hoje também não há. Mas, indiferente às circunstâncias e reações que sabia procederem da ignorância, da inferioridade humana, continuava impertérrito, semeando o amor, socorrendo.

Luz do mundo, onde se apresentasse, era claridade.

Pastor sublime, no lugar em que chegava, arrebanhava os corações.

Água viva, matava a sede com a Sua simples presença.

Pão do Céu, nutria com ternura e palavras, esparzindo alimento com as mãos ricas de compaixão.

Quem com Ele contatasse uma vez, jamais ficaria indiferente: amava-O ou perseguia-O, porque Ele penetrava os labirintos do ser, despertando os sentimentos latentes que, bons ou maus, reagiam conforme a sua procedência.

Por onde passava, ali se insculpiam estrelas nas paisagens dos corações.

Nem todos O seguiam, porque, crianças espirituais, não possuíam entendimento para penetrar-Lhe as lições. Ele sabia que o germinar das Suas palavras aconteceria nos séculos porvindouros, no suceder das reencarnações futuras... Por isso, sem pressa, semeava e regava com amor, para que os tempos futuros realizassem o seu mister.

Antes, enviara emissários fiéis que Lhe anunciaram o advento, aplainaram os caminhos, prepararam os ouvintes. Agora viera Ele próprio, Senhor dos Espíritos e das Vidas.

Não O podiam compreender, por enquanto, os homens imediatistas e impulsivos, venais e infantis. Mesmo a maldade de que davam mostras, iracundos e ferozes, resultava mais da ignorância, da inferioridade em que se demoravam do que da perversidade lúcida.

Por assim entender, atendia-os, desculpava-os, enérgico com os desonestos e astutos fariseus, contumazes exploradores do povo e instigadores perversos das massas, que desprezavam, na razão direta que estas lhes eram mais subservientes, submissas.

Não obstante demonstrasse a Sua procedência, curando enfermidades, expulsando obsessores, difamavam-nO os inimigos e O expulsavam dos lugares em que se encontrava, vítimas inconscientes de Entidades malignas da Erraticidade inferior.

Peregrino do amor, Ele seguia adiante, palmilhando as terras crestadas pelo Sol no verão causticante, ou vencendo frio cortante no inverno rigoroso...

Andarilho das estrelas, caminhava com os Seus de lugar em lugar, acendendo luz para o entendimento da Verdade que logo depois apresentaria.

O começo do Seu ministério foi a cura dos corpos estropiados, que os olhos veem, as emoções sentem e os comentários divulgam.

Em muitas ocasiões, porém, pediu que os beneficiários silenciassem os Seus feitos. Não porque temesse os inimigos, mas por desejar poupar dos maus os que se haviam recuperado.

As armas dos perversos são infames e, quando não podem alcançar quem pretendem, atingem outras pessoas que são testemunhas, desmoralizando-as, afligindo-as, com a intenção de invalidar os seus depoimentos.

Assim ainda são os homens e este é o seu mundo, pequeno mundo de homens-paixões perturbadores.

❊

A dor amesquinha os fracos e engrandece os fortes. Arrebenta as resistências dos tímidos e aumenta as dos estoicos. Enlouquece os débeis e sublima os corajosos.

Como a grande mole humana é constituída de homens e mulheres em processo de crescimento, sem segurança nem fortaleza de ânimo, os sofrimentos, que os excruciam, tornam-nos alucinados.

A alguém com uma cefalalgia não se ofereçam palavras; antes se lhe dê medicação adequada... Ao faminto e ao sedento primeiro se lhes resolva o problema urgente, para depois informá-los de como libertar-se das geratrizes dos males que os afligem.

Jesus sabia-o. Por essa razão atendeu as dores variadas da Humanidade.

A Sua visão do amor socorria o necessitado, conforme a carência de que ele se fazia portador.

A cada um de acordo com o seu grau de compreensão.

Agia, portanto, mais do que falava, ante os que falam mais do que agem.

Quando, outra vez, resolveu transferir-se de lugar, para que se acalmassem por um pouco os Seus adversários, Ele recomendou aos que havia curado *que não O dessem a conhecer, para que se cumprisse o que foi dito pelo profeta Isaías:*

Eis aqui o meu servo que escolhi;
O meu amado, em quem a minha alma se agrada;
Sobre ele porei o meu Espírito,
E ele anunciará o juízo aos gentios.
Não contenderá, nem clamará,
Nem ouvirá alguém a sua voz nas ruas.
Não esmagará a cana quebrada,
Nem apagará a torcida que fumega,
Até que faça triunfar o juízo.
Em seu nome esperarão os gentios.[5]

Eram gentios todos aqueles que não nasceram israelitas.

O orgulho de raça desprezava todas as raças, por sua vez por todas também desprezada.

O ódio, que gera ódio, é a resposta da loucura.

---

5. Mateus, 12:16 a 21 (nota da autora espiritual).

O orgulho, que desdenha, é desdenhado pelas suas vítimas.

São eles os cipoais e espinheirais que aguardam os incautos que lhes transitam pelos caminhos escabrosos.

Isaías, o Anunciador, já informava que os gentios O aguardavam e fariam triunfar o juízo, a Verdade.

Ele a ninguém, nem a nada esmagaria, *nem a cana quebrada* – o cetro vergonhoso que lhe poriam na mão posteriormente – nem apagaria a *torcida que fumega* – os ensinos, às vezes arbitrários e absurdos, da Lei mosaica decadente – que seria conduzida pelo azeite do amor.

Nesse tumulto e nas convulsões sociais que abalavam Israel – que esperava o Enviado, na suposição falsa de livrar o seu povo da submissão romana –, Ele chegou, e não foi reconhecido por ser pacífico e pacificador, não odiento e déspota como desejavam os vingadores, sendo a Luz que liberta as consciências e jamais se apaga.

Mesmo perseguido e não aceito, Jesus fez-se o *amanhecer do novo dia* que nunca mais se entenebrecerá.

A Sua claridade permanece, mesmo quando as sombras ainda não se dissiparam de todo.

7
NAQUELE TEMPO

Os reinos terrestres, para firmar-se, são sacudidos periodicamente por guerras sangrentas e cataclismos outros dolorosos, que os esfacelam, para robustecê-los depois.

As plantas suportam vendavais que as destroçam, a fim de reverdecerem, logo mais, com exuberância.

O globo sofre convulsões sísmicas frequentes, que lhe acomodam as camadas, mesmo que a prejuízo da superfície que estertora.

A luta, os constantes movimentos, são precondições para o soerguimento de qualquer edificação que se candidata à permanência.

O Reino de Deus, igualmente, instala-se no mundo mediante os rudes embates que lhe preparam os alicerces. Trata-se de uma revolução estrutural e de conteúdo, a fim de ser implantado com segurança, e poder resistir às conjunturas difíceis dos tempos.

Aquele era um período singular da Humanidade.

A predominância arbitrária da força se fizera multifacetada, apresentando-se na política, na religião, no comportamento, na sociedade.

Disputando hegemonia, os poderosos engalfinhavam-se em lutas perversas, uns contra os outros e todos contra os simples, os pobres, os sem classe, que eram explorados até a exaustão.

Desconsiderados em toda parte, não havia lugar para eles em parte alguma. Não eram, sequer, notados, senão para padecer a exploração, o opróbrio, o trabalho escravo.

Apesar disso, multiplicavam-se, porque a avareza dos ricos, em pequeno número, mais condenava os pretendentes à independência, à posição misérrima e degradante.

A chegada de Jesus, Arauto da Verdade, foi saudada como o momento grandiloquente da vida humana.

Simples e desataviado como a luz, Ele penetrava os corações e alterava o comportamento daqueles que O conheciam.

Nobre e bom como a verdade, Ele desconcertava todos quantos se lhe opunham.

Puro como o fogo, era incorruptível, sustentando o ideal.

Perseverante como a vida, jamais receava.

Amante como a Natureza, sempre se renovava para servir, a todos recebendo com igualdade.

Sua voz, suave e forte, de acordo com a ocasião, quando ouvida, nunca mais seria olvidada, ressoava na acústica da alma para todo o sempre.

Construtor do Reino de Deus nos corações, convocou operários para a ação concreta e apresentou os planos no cenário ridente das paisagens humanas vivas, sem ocultar detalhes nem exagerar contornos.

Toda atividade partiria de dentro para fora do ser, produzindo renovação, e os métodos para a ação, diferindo dos tradicionais, seriam fundamentados na mansidão, na humildade, na doação plena, e cimentados pelo amor.

A fim de fazer-se crer e amar, tornando-se respeitado pelo povo, Ele tomava as dores humanas e, como remendão, unia as peças desarticuladas do corpo e da alma das criaturas, dando-lhes equilíbrio, corrigindo as deformidades, devolvendo a saúde.

Advertia, porém, sempre que, sem a transformação interior profunda, era impermanente o equilíbrio exterior.

Em face dessa visão grandiosa sobre o ser humano, Ele cuidou de despertar os que dormiam nos vícios, mediante o socorro oferecido aos que choravam, desesperados, nas dores.

A Sua atitude provocou ódio e ciúme, inveja e reações exacerbadas, mas Ele permaneceu inalterável até o fim.

Narra Mateus, com tom de saudade, que *naquele tempo, em um sábado,*[6] Jesus atravessou com os amigos uma seara rica de grãos dourados.

O Sol dardejava luz, e as espigas oscilantes ao vento *cantavam* peculiar melodia.

Porque tivessem fome, os discípulos puseram-se a colher e a comer com alegria.

A fraternidade legítima descobre sempre motivos para sorrir. Os pequenos acontecimentos se transformam em poemas de encantamento, e a felicidade intumesce os corações com júbilo.

Os homens mesquinhos e anões espirituais, porém, que vivem apegados às torpezas e mazelas próprias, ególatras

---

6. Mateus, 12: 1 e seguintes (nota da autora espiritual).

e vigias cruéis dos outros, diante do grupo inocente, logo reagiram, *naquele dia*, dizendo com interrogação de censura:

— *Teus discípulos estão fazendo o que não é lícito fazer aos sábados.*

Penetrando-lhes os escaninhos do ser, com a percepção superior de que era dotado, o Senhor lhes retrucou, bondoso:

— *Não lestes o que fez Davi, quando ele e seus companheiros tiveram fome? Como entrou na casa de Deus e com eles comeram os pães da proposição, os quais não lhe era lícito comer, nem aos seus companheiros, mas somente aos sacerdotes? Ou não lestes na Lei que aos sábados os sacerdotes no templo violam o sábado e ficam sem culpa?*

A resposta interrogativa, inesperada, emudeceu-lhes a censura injusta.

É habitual, nos combatentes da prepotência, usarem as leis nos artigos que lhes convêm, abandonando os outros, que os alcançam. A sua habilidade mental é distorcida, propiciando acomodação pessoal aos delitos que praticam e severidade contra as ações alheias que os perturbam. Na impossibilidade de esvaziarem o efeito dos gestos nobres, atacam-nos mediante expedientes de perturbação, de sofismas e retórica inútil.

Pairando acima deles, o Construtor do Reino adiu:

— *Digo-vos, porém: aqui está o que é maior do que o templo. Se tivésseis conhecido o que significa* misericórdia quero, e não holocaustos, *não teríeis condenado inocentes.*

O templo suntuoso era orgulho de toda uma raça que se impunha como privilegiada por Deus em detrimento de toda a Humanidade.

Trigo de Deus

Colocando-se em importância superior à que se atribuía ao templo, afrontava a petulância e ostentação de Israel, logo demonstrando que o mesmo se reduziria a escombros, enquanto Ele mais se firmaria na rocha dos milênios.

O tempo consome as construções humanas, enquanto afirma e mantém o Espírito, que é eterno.

E, desejando definir rumos e situações, concluiu, lúcido:

– *Pois o Filho do Homem é senhor do sábado.*

Bailavam no ar as onomatopeias da Natureza e se *ouviam* as vozes inarticuladas da vida, confirmando o enunciado veraz.

Começava a derrubada das obsoletas construções, a fim de ser aplainado o terreno para o Reino.

As lutas iriam recrudescer, mas Ele viera para enfrentá-las, irrigar o solo árido com o próprio sangue, após traçar os planos com a doação da vida.

A sós, com Deus, Ele convocou homens frágeis e os tornou hercúleos batalhadores em favor da realização suprema.

Nunca tergiversou ou temeu, porque conhecia os reinos terrestres e os seus habitantes. O que trazia, não era conhecido por ninguém, com programa de plenificação para todos.

Desse modo, *partindo daquele lugar, Jesus entrou na sinagoga* deles e defrontou com um *homem que tinha seca uma das mãos.*

A astúcia de imediato armou seu esquema de combate, porque onde se encontram os homens-pigmeus aí estão suas mesquinharias.

Assim, desafiaram-nO a curar o enfermo, advertindo-O, porém, que era proibido fazê-lo naquele dia.

A situação sinuosa afetaria qualquer atitude.

Se o curasse, violaria a Lei; se o não fizesse, demonstraria ser falsa a Sua mensagem.

Considerando uma ovelha que, tombada num poço, num sábado, seu dono a salvará, quanto mais um homem, que tem maior valor do que o animal, e elucidou:

— *Logo, é lícito fazer o bem nos sábados.*

E disse ao enfermo:

— *Estende a mão!*

Apiedado e compassivo, curou-o diante dos opositores gratuitos, magoados, vencidos...

Eles, porém, saindo dali, tramaram o modo de tirar-Lhe a vida.

Sempre agem assim os covardes: na treva, nos escusos recintos da própria miséria.

Quando não podem enfrentar os homens-gigantes, trabalham por matá-los, como se também eles não avançassem na direção do túmulo.

Impossibilitados de acompanhar o rio, erguem barragens, que as águas, momentaneamente represadas, mais tarde transpõem.

Começavam as lutas para a construção do *Reino.*

As pedras angulares estavam sendo colocadas.

Os sulcos nos corações se aprofundavam.

Os obreiros surgiam, e a paisagem, emoldurando-se de luz, modificava-se.

O Divino Construtor entregava-se à Obra já *naquele tempo.*

8
NÃO O RECEBERAM[7]

Ao tempo de Jesus, Nazaré era uma aldeia perdida nas encostas dos montes de calcário, na região da Baixa Galileia. Parecia uma pérola que esplendia entre pedras brutas, cercadas de flores miúdas quase que permanentes.

Fundada, fazia mais de dois mil anos, antes de Jesus, não tinha qualquer importância, porque nenhuma estrada significativa a atravessava, exceto quando se seguia a rota algo escarpada na direção do Egito, caminho certamente percorrido por Maria, José e o Filho, quando da fuga para liberar-se do ódio de Herodes.

Nazaré se tornaria conhecida depois d'Ele.

Não é o lugar que torna notável o homem, mas este que, extraordinário, dignifica o lugar de sua origem, elevando-o ao estado de grandeza, de notoriedade.

Nazaré situa-se em uma *bacia*, a quase quatrocentos metros acima do nível do mar Mediterrâneo.

O seu é um clima privilegiado, e o vale de Jezrael é sempre fértil e verde, havendo merecido do historiador Flávio Josefo comentários entusiásticos e comovedores.

---

7. Lucas, 4:16 a 30 e Mateus, 13:55 e 56 (nota da autora espiritual).

A oeste podem-se ver o monte Carmelo e o mar; a leste está o vale do Jordão; ao sul, a planície do Esdrelon, região onde está Meguido e na qual o rei Josias sofreu sua terrível derrota; ali também lutaram os macabeus sonhando com a liberdade. Mais ao sul encontra-se o monte de Gelboé, e a nordeste, o lago de Tiberíades.

Saul fora derrotado pelos filisteus muito perto dali, nas cercanias de Gelboé, ficando assinalado o seu fracasso em face da desobediência à profecia de Samuel, o último dos juízes, que lhe viera falar por meio da mediunidade exuberante da pitonisa do Endor...

Não sendo uma aldeia importante, esteve sujeita a Jafa, a Séforis, a Quislot-Tabor, e ficou quase esquecida.

A população da Galileia era constituída por sírios que vieram do Norte, gentios, romanos do meado do século I, a.C., gregos que fugiram das conquistas de Alexandre Magno e pelo povo da região, que falava o dialeto arameu, uma linguagem pobre que se arrimava às imagens vivas da Natureza, sem dispor de um vocabulário próprio para vestir as ideias.

Não seja, portanto, de estranhar que o Mestre usasse a mesma palavra para definir, às vezes, coisas e acontecimentos diferentes.

Por outro lado, era comum que um mesmo vocábulo adquirisse um significado mais genérico, o que, certamente, criou dificuldades para o entendimento das anotações escriturísticas.

❁

Em Nazaré haviam chegado as notícias dos feitos que comoveram Cafarnaum.

Trigo de Deus

O jovem ali conhecido passara a curar, e o Seu magnetismo arrebatava multidões necessitadas que O buscavam.

Nesse clima, Ele resolveu em um sábado vir a Nazaré e visitar a sinagoga, como era do Seu hábito.

A casa de orações se encontrava repleta.

À Sua chegada, houve uma comoção geral.

A beleza que d'Ele se irradiava parecia penetrar as almas, sensibilizando-as com amor e ternura, ou despeito e inveja.

Sempre acontecerá o mesmo fenômeno com as pessoas de vida pública, guias e líderes das massas...

Nele, no entanto, atingia-se o máximo e isso se generalizava por onde passava a Sua grandeza.

Tomando da Torá, Ele leu o texto de Isaías e referiu-se:

– *O Espírito do Senhor está sobre mim. Pelo que me unge, para anunciar as Boas-novas aos pobres.*

Silenciou. Logo após, disse:

– *Hoje se cumpriu esta Escritura na minha pessoa...*

E prosseguiu comentando o texto em luz.

Houve silêncio e interesse.

Alguns presentes indagaram, comovidos: – *Não é Ele o filho de José e de Maria, que trabalhava na carpintaria, que todos conhecemos, e não são os Seus irmãos e irmãs os amigos com os quais convivemos?*

Era, portanto, um momento singular, rico de expectativas e de carinho.

Ele prosseguiu integérrimo:

– *Ninguém é profeta em sua terra, nem encontrará guarida na sua própria casa. E se lhe dirá: "Médico, cura-te a ti mesmo".*

Divaldo Franco / Amélia Rodrigues

"Quando os céus deixaram de fertilizar a terra com chuvas abençoadas, Elias não atendeu a aflição das viúvas, exceto a de Sarepta, de Sidon... E quando Eliseu veio ao povo e os leprosos o buscaram, ele não os limpou, dando preferência ao sírio Naaman...

"Desse modo, foram maltratados pelos familiares e coetâneos."

A ira, a inveja e a revolta uniram-se em desequilíbrio e expulsaram-nO, levando-O a uma encosta, pensando em atirá-lO do alto, em expiação, qual o fazem com o bode sacrificado na festa do *Yom Kippur*.

Jesus olhou-os com infinita compaixão, liberou-se de suas mãos, atravessou o grupo furibundo, descendo a Cafarnaum...

Nazaré possuía apenas uma fonte de águas generosas e abundantes, e talvez isso haja contribuído para que permanecesse, até o século II, quase desconhecida.

Graças a Jesus e às terras férteis do vale do Esdrelon tornou-se famosa, enriqueceu-se de cisternas cavadas no calcário dos montes.

A pequena pérola cintilante, que era Nazaré, com os seus campos de papoulas escarlates e amarelas ao vento, com os cachos de mirra e ervas aromáticas, conheceu Jesus na Sua infância e juventude.

Ele correu por aquelas pradarias, cabelos à brisa e olhar abrangendo os montes altaneiros que a cercavam a distância.

(...) Nunca mais Ele voltaria a Nazaré, que significa *lugar de sentinela*.

Nazaré não O recebeu.

A inveja, a mágoa, o despeito dos Seus expulsaram-nO dali.

Outras Nazarés existem ainda hoje, aguardando os cristãos decididos a fim de os expulsarem dali.

9
ELA DORME[8]

Os discípulos permaneciam sob o dualismo das emoções que haviam vivenciado, há pouco, em Gadara. A cura do obsesso, instantânea e comovedora, deslumbrara-os, porém a reação do povo, que perdera a sua vara de porcos, aturdira-os.

Vociferantes e agressivos, os gerasenos pediram que eles se retirassem das suas terras, e não se preocuparam com o enfermo restaurado na saúde.

Eram-lhes mais importantes os suínos do que a criatura e, por isso, expulsaram também o recuperado, sob a acusação de intermediário responsável pelo prejuízo dos porcos que se atiraram ao mar...

A criatura humana sempre defronta opções para agir com segurança, correta ou não. E, invariavelmente, elege a perniciosa, por encontrar-se aturdida pelas paixões desgovernadas, a tudo enxergando por lentes com distorções ópticas.

Dispondo do grande momento para o êxito, para a felicidade, prefere o caminho tortuoso da dor e da sombra, não se lhe furtando, no entanto, em definitivo a opção feliz por não poder fazer estacionar a marcha do progresso.

---

8. Lucas, 8:40 a 42 e 49 a 56 (nota da autora espiritual).

Retornando às praias queridas de Cafarnaum, ainda não se haviam tranquilizado, quando uma multidão ansiosa os cercou, rogando ajuda a Jesus.

O Mestre, impertérrito, amava aquela gente estúrdia, sofredora e ansiosa.

Tinha paciência para com todos e compreendia-lhes as necessidades, as inquietações.

Ainda hoje Ele permanece assim em relação a nós.

Nesse natural tumulto, aproximou-se o chefe da sinagoga, homem honrado que, aflito, prostrou-se-Lhe aos pés e rogou atender à filhinha que enfermara e se encontrava à morte...

Jairo conhecia Jesus, sabia do Seu vínculo com Deus, embora os seus compromissos com a religião que representava.

A cidade era pequena, a região caracterizada pela simplicidade e pureza de costumes, onde todos se conheciam de algum modo.

A notícia da cura do possesso chegara antes d'Ele, e ali, na multidão, o que fora enfermo louvava-O, narrava o episódio extraordinário da sua libertação.

Havia, portanto, em Jairo, aflição e fé.

A multidão, essa massa informe que se agita de um para outro lado, arrancou-lhe o Mestre da presença e logo todos exclamavam, à frente, com entusiasmo, um novo acontecimento.

Uma mulher hemorroíssa muito conhecida acabara de recuperar-se após tocá-lO.

No meio das alegrias que espocavam, naturais, os conflitos e precipitações cresciam, pois que todos O queriam...

Subitamente, Jairo deparou-se de novo com Ele.

O Seu olhar transparente penetrou-o em tons diáfanos.

O pai, emocionado, retornou à rogativa.

Havia ternura e dor na voz quase sumida.

— *Vem à minha casa, Senhor! Minha filhinha de doze anos está à morte...*

Jesus compreendeu-lhe a extensão do sofrimento e anuiu em acompanhá-lo.

Quando já se encontrava à porta da residência confortável, repleta de parentes aflitos e curiosos, uma pessoa em pranto informou ao genitor:

— *Está morta; não suportou. Não incomodes mais o Mestre.*

Os gritos e lamentos, o prantear em sinfonia lúgubre, ergueram-se, e muitos em solidariedade choravam.

O pai, trespassado pelo punhal da agonia, pediu-Lhe desculpas e ia entregar-se ao desespero, quando a voz lúcida e melodiosa afirmou:

— *Não temas; crê somente, e ela será salva.*

Os céticos, que O ouviram, retrucaram:

— *Ela morreu. É tarde!*

Imperturbável, Ele adentrou-se no lar sob o infausto acontecimento e repetiu:

— *Ela dorme!*

Os mortos para a verdade reagiram.

São os mesmos de todas as épocas.

Estroinas emocionais, passam da humildade à violência facilmente, quando se sentem ameaçados, confundidos na sua prosápia.

Ignorando a vida, transitam nas sombras, nas quais se comprazem.

Os que morrem no corpo estão mais vivos do que eles, que perderam a vida no engodo da matéria e do egoísmo.

Esses mortos rebateram furibundos, enérgicos:

– *Ela morreu!*

E desejavam-na morta, a fim de sentirem-se em deleite moral inferior, triunfantes em sua opinião.

Jesus mandou que os frívolos saíssem e permaneceu com o pai, a mãe, Pedro, João e Tiago no quarto onde a jovem dormia.

Pálida, enrijecendo-se, a pequena era a própria morte na sua postura final.

Tocando-a com doçura e imprimindo energia com meiguice à voz, o Senhor falou-lhe, tomando-a pela mão:

– *Menina, levanta-te!*

Um suave rubor tomou-lhe a face, e o Espírito retornou-lhe ao corpo em quase total higidez.

Um doce aroma de anêmonas em flor invadiu o quarto, e o hálito da vida espraiou-se no aposento agora arejado.

A menina ergueu-se, sorrindo, enfraquecida.

– *Deem-lhe de comer* – ordenou o Amigo.

Estrondou a alegria, e os hinos de louvor bordaram todos os lábios com melodias festivas.

Jesus – a Vida Abundante – penetrou a família com a Sua vitalidade e alegria.

A movimentação de júbilo percorreu a massa.

E Jairo, o responsável pela sinagoga, após beijar a filhinha que retornara da letargia, ao procurar o Rabi para agradecer, já não O encontrou.

Ele saíra.

A multidão esperava-O e seguiu-Lhe após.

No futuro, anciã e feliz, a filha de Jairo narrava o episódio inesquecível em Cafarnaum e procurava definir o indefinível daquela voz que a arrancara das sombras:

Trigo de Deus

– *Talitha, koum!* (Menina, levanta-te!)

No torvelinho das paixões que predominam e ameaçam de morte e de condenação a criatura desatenta, Jesus ainda exclama com piedade:

– *Ela dorme!*

10

ERA UM SÁBADO[9]

A sinagoga, ao tempo de Jesus, como ainda hoje, possuía um papel preponderante na vida da comunidade hebreia.

Além de templo religioso, caracterizava-se como núcleo social e escolar, onde se estudava o manuscrito da *Torá* e se comentava em discursos comovedores o seu conteúdo precioso, depois de desembrulhá-la de um envoltório de linho fino no qual ficava guardada.

A religião era a principal paixão de qualquer judeu e a frequência à sinagoga um dever impostergável.

O *hazzan* – funcionário do serviço, que se encarregava de soprar com força o chifre de carneiro para anunciar o sábado – conduzia a *Torá*, que era tida como a fonte fértil de toda a sabedoria.

As pessoas se distribuíam pelo recinto conforme os espaços, e, defronte da quarta parede – a que se erguia na direção frontal de Jerusalém –, tremeluziam as chamas débeis na *menorah*, ou candelabro de sete braços, inspirada na planta *sálvia judaica*.

---

9. Lucas, 13:10 a 17 (nota da autora espiritual).

Divaldo Franco / Amélia Rodrigues

A *Torá* era copiada em folhas de pergaminho, costuradas umas às outras e enroladas em talas de madeira, chamadas *árvores da vida*.

Lida em altas vozes por qualquer pessoa, constituía uma ventura para quem o fizesse.

Jesus teve ocasião de fazê-lo e interpretá-la sob a admiração geral, quando declarou, na primeira vez, que naquele dia se cumpria n'Ele o que estava escrito...

A sinagoga era, portanto, o núcleo central e relevante da comunidade.

❀

O sábado fora eleito como o dia do descanso. A Lei e a tradição haviam estabelecido com rigor o que se podia ou não fazer, sob rigorosa limitação. A observância, no entanto, era mais formal do que real, porquanto na dependência do interesse de cada um.

A criatura humana, porém, que se compraz com as mesquinharias, demorando-se no atendimento das formas sem preocupação com o conteúdo, estabelecera quanto se podia caminhar, o volume e o peso a carregar, qual o serviço a executar. Minudente no estabelecer preceitos, não cuida do aprofundamento do significado, perdendo-se em aparência, sem a correspondente da realidade.

Era o dia dedicado ao formalismo, ao descanso, à ociosidade, também à Religião.

❀

Em um sábado, Jesus ensinava na sinagoga.

Desde cedo os jovens se adestravam na leitura e na interpretação dos textos sagrados e Ele já se revelara, mais de uma vez, portador da excelente virtude do discurso.

Nesse dia, porém, lá estava também uma mulher possessa, que um espírito tornara enferma havia dezoito anos. Andava curvada e não podia endireitar-se.

A interferência das entidades perversas na vida humana é de grande intensidade. Doenças físicas, emocionais, psíquicas, multiplicam-se, afligindo multidões que teimam em ignorar-lhes a gênese obsessiva, de natureza espiritual atormentadora.

Não se interrompendo a vida ante o fenômeno da morte, o intercâmbio mental prossegue natural, mediante sintonia e afinidade entre os seres.

Esse fenômeno está presente em todas as épocas, culturas e povos da Humanidade, e era muito comum nos dias de Jesus. Ele o enfrentou com elevação e terapia libertadora ímpar graças à Sua autoridade moral e perfeição espiritual.

A Sua acuidade para penetrar na causalidade das ocorrências facultava-Lhe a sabedoria para distinguir o momento quando deveria interferir a favor dos padecentes.

Ele conhecia o drama da desafortunada paciente obsessa. Vendo-a, chamou-a e disse-lhe: *"Mulher, estás livre da tua enfermidade!"*, impondo-lhe as mãos.

O momento foi grandioso, impactante! O inesperado a todos colheu de surpresa.

A enferma endireitou-se e pôs-se a *dar glória a Deus.*

O sol da saúde penetra as sombras do sofrimento e logo reina a alegria na paisagem antes triste.

A libertação rompe as algemas e o escravo exulta.

A autoridade afasta o delinquente, facultando o equilíbrio da sua vítima.

O amor sobrepõe-se ao ódio e alivia as aflições.

Jesus é o Poder que vem de Deus e o mundo é-Lhe o grande cenário para a realização.

Fonte da vida, Ele é a *Vida plena*, que toma e deixa o corpo quando Lhe apraz.

Conhecendo a origem, interpreta os fenômenos e altera-lhes a rota.

A verdade e o bem sempre defrontam opositores: os invejosos, os pigmeus, os homens-sombra, vazios de realização interior, doentes da alma.

Ante a estupefação geral, o chefe da sinagoga, indignado por ver que Jesus fazia cura ao sábado, disse à multidão: – *Seis dias há durante os quais se deve trabalhar. Vinde, pois, nesses dias, para serdes curados, e não em dia de sábado.*

A astúcia estabelece normas que são ultrajes à razão.

Impossibilitada de produzir e fomentar o progresso, tenta obstar-lhe a marcha, o avanço.

A Natureza é um poema de equilíbrio, enquanto o ser humano entre os conflitos, nos quais estertora, é um paradoxo.

Não segue o fluxo do amor, porque ainda primário nos sentimentos, é egocêntrico nas aspirações.

Corroído pelas mazelas, combate o que não tem condição de realizar e maldiz aquilo de bom que o afeta negativamente.

Jesus, no entanto, conhecia o homem profundamente, sua realidade, seus limites.

Fita, então, apiedado, o infeliz e educa-o com severidade.

Trigo de Deus

Nunca se deve deixar espaço bom, aberto aos maus.

A técnica de correção é conforme o deslize. A terapia de acordo com a enfermidade.

– *Hipócritas!* – enuncia com rigor e serenidade.

A palavra vigorosa é um relho que açoita e adverte, para logo prosseguir com lógica de bronze:

– *Não solta cada um de vós, ao sábado, o seu boi ou o seu jumento da manjedoura e o leva a beber?*

Os egoístas justificam os seus atos. Quando em jogo os seus interesses, tudo é factível e legal. Não, porém, o são as ações do seu próximo, mesmo quando legitimadas pela necessidade superior.

Estão atentos sempre contra os outros; elegem-se sicários do próximo, em cuja função infeliz comprazem-se.

E Ele prossegue:

– *E esta mulher, que é filha de Abraão, presa por Satanás há dezoito anos, não devia libertar-se desse jugo em um sábado?*

A interrogação aturde a massa, e o chefe da sinagoga se desconcerta. Sua consciência obliterada é sacudida pela veemência do amor espontâneo.

Não há contradita à verdade. Ela sobrenada na corrente dos sofismas, negações e desvios de rota.

Vale mais um ser humano do que um animal de carga, sem dúvida. Quem o contesta?

A demorada sujeição deveria terminar. A saúde é o estado natural, e não a doença, a desdita.

Ele estava ali naquele dia, não em outro, não depois. Aquela, portanto, a oportunidade; o dia era secundário.

A ação do bem tem o seu momento, ninguém o determina. Ele esplende e acontece. Quem o desperdiça, não o reencontra nas mesmas condições.

Dezoito anos sob a ação do satânico obsessor constituíam purgação santificadora suficiente para o resgate que terminava.

Escrava, sofria. Livre, exultava.

No cativeiro reabilitara-se. Na liberdade iria ser agente multiplicadora de vida e de esperança.

A hora soara-lhe propícia; quisessem ou não os indiferentes, ela estava curada, o que, realmente, era importante.

Ninguém que detenha a vitória da luz.

Os adversários ficaram envergonhados e a multidão alegrava-se com todas as maravilhas que Ele fazia.

Jesus é a Porta de libertação, que auspicia ventura.

Naquele sábado dedicado ao repouso, estuaram o amor, a saúde, a liberdade, a vida.

Haverá sempre um sábado de luz para quem chora nas sombras, nas sinagogas do mundo hostil.

Carregando aflições e vergado sob injunções penosas, preso nas garras das obsessões pertinazes, a criatura busca Jesus, mesmo sem o saber, até o momento de encontrá-lO.

Nunca desistir é o desafio, avançando sempre!

A sinagoga era o centro comunitário de ação social, religiosa e humana.

E aquele era um sábado...

11

ELE ERA CEGO[10]

Betsaida era, ao tempo de Jesus, uma aldeia quase insignificante a noroeste do Lago Tiberíades.

Suas terras férteis respondiam às necessidades de todos quantos ali viviam.

Quase desconhecida, a pequena Betsaida beneficiava-se do clima ameno, que resultava do imenso lago próximo cujas águas repousavam na profunda Fossa de Ghor.

A pouca distância das águas piscosas, constituía um lugar bucólico e agradável, passagem quase obrigatória dos viajantes que demandavam as regiões altas.

Em Betsaida nasceram Pedro, André e Filipe.

Homens simples e sem cultura, escreveriam, com as suas vidas, a epopeia do amor, incorporando-se à galeria dos heróis da Era Nova.

Jamais lhes havia passado pela mente a dimensão da empresa que ora iniciavam.

O Seu Mestre, a Quem amavam, arrebatava-os, e o conteúdo do Seu discurso fascinava-os. Todavia, faltavam-lhes sensibilidade, penetração de consciência para aqui-

---

10. Marcos, 8:22 a 26 (nota da autora espiritual).

latar a grandeza, todo o significado da resolução que o jovem galileu lhes propunha.

Aquelas palavras, que fluíam da Sua boca como labaredas, incendiavam-lhes as modestas aspirações. No entanto, tímidos, a sua percepção não os projetava além dos breves limites geográficos dos lugarejos e cidades ribeirinhas, no máximo das margens do mar, que lhes parecia imenso, em face da sua extensão de vinte quilômetros de comprimento por dez quilômetros de largura...

Por esses e outros fatores, a pequena Betsaida entraria na história dos fastos estoicos da Boa-nova e pareceria, à posteridade, um risonho lugar, cercado de rosais delicados, verdejante na sua policultura doméstica.

Nos arredores de Betsaida vivia um jovem que era cego.

A cegueira é amarga provação.

Os olhos são a candeia do corpo, como Ele próprio o dissera.

Graças a essas lâmpadas luminescentes o ser pode deslumbrar-se com a beleza da paisagem, penetrar o insondável das coisas, entender o *mistério* da vida.

São os olhos as janelas abertas para o firmamento, para o fascínio dos astros.

Ser cego é permanecer no sombrio corredor da solidão emocional.

A cegueira torna-se fardo pesado, especialmente quando ocorre na juventude.

Diz-se que aquele que nasceu cego, porque não tem conhecimento da luz, certamente não experimenta mais profunda frustração, mais angustiante aflição.

Está acostumado – assevera-se, e assim se diz porque não se conhece a marcha pela rota em sombras.

O jovem era cego do corpo e desejava enxergar. Não havia, porém, possibilidade, perspectiva alguma para esse tentame.

Entregue à sua realidade, seguia, a passo lento, sem aspiração, em favor de um amanhecer clareado pelo sol da alegria visual.

Ele era cego e quase feliz. Quase feliz porque há outros cegos, aqueles que enxergam, porém, não querem ver a verdade, não procuram discernir.

O discernimento é fenômeno da razão e do conhecimento que norteia o destino do ser humano honrado, que se lhe entrega antes de agir.

O cego do espírito, aquele que se recusa a utilizar a consciência que discerne na aplicação dos valores éticos, este, sim, é realmente infeliz.

O cego dos olhos tropeça nos caminhos por onde seguem os seus pés. O outro, o da alma, corrompe os sentimentos e destroça os valores íntimos da dignidade e da paz.

Aquele jovem, sabedor da presença de Jesus em Betsaida, acercou-se com ansiedade e sem palavras rogou socorro. Era o seu um apelo profundo que partia do coração. Nele misturavam-se aspirações e receios, necessidades e incertezas. Ele intumesceu a alma de esperança e aguardou.

O Amigo Divino, que penetrava o mundo íntimo de todos, recebeu-lhe a rogativa e compreendeu a sua aflição.

Jesus amava as criaturas e o Seu amor era feito de compreensão e ternura.

Sabia que elas ainda estagiavam nos patamares inferiores do imediatismo, do prazer. E porque as entendia, descia em anuência às suas necessidades, favorecendo os seus desejos, a fim de erguê-las depois aos degraus mais elevados da vida.

O Senhor tomou o jovem pelas mãos e levou-o para fora da aldeia.

Não desejava testemunhas para o que iria fazer. Seria uma terna ação de amor, discreta e rica de bondade.

Tão logo se encontrou a sós com o ansioso candidato à luz dos olhos, umedeceu os dedos com a saliva e tocou-lhe a vista apagada.

Certamente não necessitaria fazer desse modo. A saliva, porém, simbolizava o hálito da vida, e como Ele se dizia a Vida, transmitia, dessa forma, a energia vital ao padecente, cuja harmonia de conjunto estava alterada.

Logo após, perguntou-lhe:

– *Vês alguma coisa?*

– *Sim* – redarguiu o jovem, emocionado –, *vejo os homens; vejo-os como árvores a andar.*

A imagem era perfeita.

Sua visão das criaturas era sem contornos, sem discernimento, sem parâmetros de forma e de cores.

A sua era outra realidade.

Aberto à recuperação, psiquicamente receptivo e expectante, percebeu Jesus tocar-lhe os olhos pela segunda vez e, inquirido novamente, respondeu:

– *Agora vejo!*

Havia uma indefinível alegria bailando na sua face e a fulgurante luz estuante nos olhos desmesuradamente abertos.

– *Vai* – disse-lhe o Terapeuta –, *e não o digas a ninguém. Nem sequer entres na aldeia.*

O silêncio, naquele momento, era necessário, indispensável à fixação da cura.

O tumulto, a pressão psicológica da massa, a suspeita dos frívolos, as tricas sacerdotais e dos principais da aldeia certamente o perturbariam.

Imprescindível que fruísse do benefício, que se adaptasse à situação nova, inusitada.

O amor de Jesus prossegue ainda hoje dirigido especialmente aos cegos espirituais, aos soberbos e déspotas, aos vãos e dominadores...

Multiplicam-se as Betsaidas na atualidade humana e escasseiam filhos como aqueles três que alargaram o *Reino* que então se iniciava e do qual participaram com abnegação e entrega total.

Eles viam através dos olhos e enxergavam o futuro mediante a percepção transcendente. Não tinham dimensão do que aconteceria, entretanto, ofereceram-se ao comando do Amor não amado.

Ele era cego, e Jesus fê-lo ver por amor.

12
ARREPENDIMENTO TARDIO[11]

A construção material, por mais complexa, é possível de ser erguida com relativa facilidade. A de natureza moral demanda tempo, exige tenacidade, começos e recomeços até se tornar sólida, resistente a qualquer devastação.

O aplainar das arestas morais é mais sacrificial do que desbastar os minerais, corrigir-lhes as anfractuosidades, moldá-los.

Por isso mesmo, o Espírito é o construtor da sua realidade, devendo entregar-se com empenho ao mister sem descanso. Qualquer titubeio, surge a ameaça à realização. Um descuido, e abrem-se os canais para o alagamento e desastre da obra.

Judas Iscariotes não alcançara a dimensão plena do Reino que Jesus viera fundar.

Sem exterioridades, seria no coração a sua base e no caráter os seus alicerces. De natureza eterna, dispensaria as formas exteriores, erguendo-se com os materiais preciosos que o ideal e o sacrifício elegem.

---

11. Mateus, 27:1 a 10. Vide o capítulo 23 de nosso livro *Há flores no caminho*. Salvador: LEAL (nota da autora espiritual).

Suas vigas mestras, seus pilares, são, ainda hoje, a decisão irrecusável e a segurança quanto à excelência do empreendimento.

Com estas convicções, nada constitui impedimento, e o êxito faz-se-lhe natural, duradouro.

Judas, que era judeu, provavelmente de Kerioth, elegera-se tesoureiro do grupo heterogêneo de amigos de Jesus, a quem Ele convidara para a edificação do Reino. Imediatista, considerava as pessoas e ocorrências pela óptica distorcida da realidade, pelo valor relativo, amoedado, social, transitório, não real, e isto o fez perder-se e tornar-se a legendária personagem da traição, da desconfiança, da ingratidão.

Jesus o amava e ele também amava o Mestre a seu modo, conforme as suas possibilidades.

Toda Jerusalém ainda permanecia opressa em decorrência da crucificação do Inocente.

Pesava sobre a cidade uma psicosfera densa e os receios dominavam os corações.

As crucificações eram relativamente comuns no monte sinistro da caveira, não, porém, aquela.

Os inimigos de Jesus sentiam-se inseguros, tomados por superstições e intrigas que deixavam entrever desforços.

Os seus amigos, que haviam ficado a distância, ocultavam-se, amedrontados, desconhecendo o que lhes estaria reservado.

Ouviram-nO e não O entenderam. Pareciam perdidos sem a voz suave do comando e as seguras mãos do Pastor.

Trigo de Deus

As notícias enganosas, exageradas e deprimentes viajavam céleres de bocas a ouvidos, mais aumentando-lhes o pânico.

Foi nesse clima psicológico e social que raiou a madrugada do domingo, no qual as mulheres afetuosas foram visitar-Lhe o túmulo e o encontraram vazio.

Logo depois viram-nO, receberam as instruções que suscitaram dúvidas nos amigos mais cépticos, quanto a seguirem para a Galileia.

❀

Judas vendera-O por trinta moedas de prata, atormentado pelo valor efêmero das coisas – o Reino dos Céus pelo de metais.

E tendo o dinheiro nas mãos, percebendo que o seu Amigo não reagira, deixando-se aprisionar e sendo condenado, retornou aos comparsas do crime e ante a frieza deles, tardiamente desabafou:

– Pequei, entregando sangue inocente.

As gargalhadas roufenhas e a zombaria ácida dos cínicos vencedores da mentira explodiram em resposta de indiferença:

– *Que nos importa? Isto é lá contigo.*

Sem dimensão para compreender a extensão vil daquelas almas, o tresloucado atirou *as moedas na direção do santuário, saiu e foi-se enforcar.*

❀

Os indivíduos fracos não se enfrentam. Fugindo da consciência são-lhe vítima permanente, por não poderem liberar-se do seu aguilhão.

A culpa é ferrete cravado no cerne do ser a revolver-se cortante.

Só a sujeição à realidade com honesta disposição de reequilíbrio arranca o espículo cravado, amenizando a dor.

Fugir é fácil; porém, de que se foge, de quem e para onde?

Aonde quer que se vá, vai-se consigo mesmo, e Judas, arrependido quão atenazado por forças espirituais inferiores que o arrastaram ao crime por afinidade de propósitos, fugiu para o abismo do suicídio pelo enforcamento.

Abandonava o Reino de Luz para cuja construção fora convidado, arrojando-se no de trevas densas onde se demoraria em infinita desdita.

Antes de aparecer às mulheres que foram ao túmulo vazio, Jesus *descera* às regiões penosas do mundo inferior ao qual se arrojara Judas invigilante.

Debatendo-se na constrição psíquica do laço que o enforcara e sob a truanesca zombaria daqueles Espíritos que o estimularam à tragédia, tornara-se símbolo da suprema desdita.

No aturdimento ímpar, sem poder ver o Amigo Divino, sentiu, momentaneamente, atenuarem-se-lhe as dores e a loucura, e ouviu-Lhe a voz dúlcida nos refolhos do ser:

— *Judas, sou eu.*

"Confia e espera! Ainda há tempo. Nenhuma das minhas ovelhas se perderá.

"Perdoa-te o ultraje, a fim de que te possas libertar da culpa e recuperar-te.

"Acende a candeia da esperança e a sombra cederá.

"Recorda o amor, de modo que a paz se te aninhe no coração.

"Nunca te deixarei, nem te condenarei.
"Hoje começa época nova e amanhã é o dia da vitória.
"Repousa um pouco, pois os milênios te aguardam e eu também estarei esperando por ti."

Suavizado o sofrimento pelo reconforto da presença d'Ele, Judas adormeceu por um pouco, adquirindo forças para as futuras expiações redentoras.

Os princípes dos sacerdotes, apanhando as moedas de prata, disseram: – *Não é lícito lançá-las no tesouro, pois são preço de sangue.*

Depois de terem deliberado, compraram com elas o *Campo do Oleiro*, para servir de cemitério aos estrangeiros.

Por tal razão, aquele campo é chamado até o dia de hoje de *Campo de Sangue*.

Cumpriram-se as profecias.

O *Reino dos Céus* está no coração e deverá ser exteriorizado através do amor, da paz, em bênçãos de humildade e fé.

Frágil, a criatura humana que se empenha em distendê-lo, sofre aguerridas perseguições, tentações...

São-lhe oferecidas moedas de prata e ouro, poder e prazer, que após recebidas, quando se lhes constata o desvalor e se deseja reparar o mal, os onzenários e enganadores, ridicularizando aquele que se equivocou, certamente repetirão:

– *Isso é lá contigo.*

13

A CONSCIÊNCIA DE CULPA

A noite esplendente estava ajaezada de diamantes estelares, que lucilavam ao longe em poema de incomparável harmonia.

Jesus buscava o Monte das Oliveiras para meditar, preparar-se para enfrentar a urdidura traiçoeira da habilidade farisaica.

Ele conhecia a criatura humana e suas infinitas fraquezas.

Ao dedicar-se à iluminação das consciências humanas, sabia que os largos milênios de ignorância não podiam ser erradicados em um momento, ao impacto das emoções apressadas.

O homem quando avança no vício por largos anos, se deseja abandoná-lo, a trilha exige período quase equivalente para a desintoxicação, a liberação dele.

Desse modo, o diálogo com as criaturas astutas era-Lhe penoso, em razão de defrontar enfermos morais graves, disfarçados em apóstolos da saúde, criminosos de consciências ultrajadas, que se apresentavam como fiéis servidores da ordem, do bem e da justiça.

Divaldo Franco / Amélia Rodrigues

Quando ainda sopravam os ventos frios do amanhecer, Ele descera à cidade de Jerusalém e demandara o templo.[12]

A Sua fama antecedia-O em toda parte.

As multidões ávidas seguiam-nO ou antecipavam-nO, onde quer que se apresentasse.

Aproximavam-se já os dias das Suas grandes dores, e o fermento da intriga aumentava o volume das hostilidades contra Ele.

Buscavam, os Seus inimigos gratuitos, esses permanentes adversários do progresso, motivos para O incriminar, ajustando a inveja e as acusações vis aos hediondos programas arquitetados contra o Seu amor.

Os homens pequenos, os pigmeus, odeiam os gigantes. Incapazes de os enfrentar, usam da artimanha e da fraude, da mentira e da pusilanimidade para atingir as metas que perseguem.

O templo regurgitava. Era o orgulho da raça, e a presença do Nazareno provocava especial interesse na curiosidade geral.

Após comentar o texto aberto livremente ao público, Ele saiu ao átrio, e ali, sob os raios dourados do astro rei, prosseguiu entretecendo comentários sobre a Lei, como se aguardasse um acontecimento grave.

Subitamente, o alarido interrompeu-Lhe a alocução, e os fariseus astuciosos, atirando uma mulher desprotegida ao chão, no círculo natural de curiosos, deram início às acusações da torpeza humana.

---

12. João, 8:1 a 11 (nota da autora espiritual).

A pobre havia sido flagrada em adultério vil e merecia a lapidação. Porque Ele pregava o amor, qual a atitude que se deveria tomar?

Tal era a interrogação geral, hábil e perversa.

Narra João *que o olhar misericordioso do Mestre penetrou-lhe a alma ferida e, por sua vez, propôs que ela fosse apedrejada por aqueles que estivessem isentos de pecados.*

Como resultado, todos se foram, inveterados pecadores que eram, ficando a ovelha tresmalhada e o Seu pastor abnegado.

Porque ninguém a punira, também Ele a dispensou, propondo-lhe que não retornasse ao erro, essa geratriz de tantos martírios.

O adultério era e prossegue na condição de grave crime, passível, à época, de punição severa até a morte da ré por apedrejamento.

Condenava-se a mulher fragilizada pelo erro, sem examinar-se a responsabilidade do cônjuge ou a culpa daquele que delinquira e a levara ao deslize.

A pobre criatura, a partir daquele instante, deu rumo novo à existência, após ouvir o Mestre generoso, no silêncio daquele dia, quando as sombras da noite se abateram sobre a Terra.[13]

O parceiro infeliz, porém, não foi levado à praça do julgamento, da condenação, aquele revel que a derrubara no abismo.

---

13. Vide Cap. "Encontro de reparação", no livro *Pelos caminhos de Jesus*. Salvador: LEAL (nota da autora espiritual).

Os conceitos arbitrários de justiça humana eximiram-no da humilhação, e, pervertido, ele prosseguiu nos hábitos infelizes de torpes conquistas.

O gavião voraz salta de uma para outra vítima indefensa, e, insaciado, deixa-as ao abandono, destroçadas...

Tornara-se, desse modo, um herói entre os amigos venais, que lhe exaltaram a virilidade, a capacidade de sedução.

Passados os breves dias de recordação do infausto acontecimento, continuou no curso danoso da sensualidade alucinada.

Os anos, porém, transcorreram rápidos para a sua licenciosidade.

Havendo destruído um lar e despedaçado os sentimentos atingidos, esqueceu a dimensão do próprio crime, sem conscientizar-se dele.

A culpa, no entanto, urde nas telas do infinito os meios de reparação, e ninguém foge de si mesmo.

Dez anos transcorridos da cena dolorosa, na praça do templo, o antigo sedutor encontrava-se vencido por dermatoses sifilíticas, que o retiraram do *Livro dos Vivos*, sendo, por fim, expulso da cidade sob suspeição de lepra...

Após vagar sem rumo, alquebrado quão infeliz, passou a recordar-se das suas vítimas, quando, quase desfalecente, foi recolhido na Casa do Caminho, na estrada de Jope.

Ali recebeu das mãos de Simão Pedro o tratamento adequado e o apoio moral para sua exulceração íntima.

Ouvindo falar de Jesus, não pôde fugir ao fascínio do Mestre, e o pranto de arrependimento tomou-o com frequência.

Numa noite, quando se sentia reanimado, ante a paciência e gentileza do *ex-pescador*, narrou-lhe o drama íntimo com imensa dor na alma, agora que pensava de forma diferente.

Pedro recordou-se da cena imorredoura e comoveu-se também.

A saudade de Jesus volveu-lhe aos sentimentos, e, após escutar a confissão do culpado desconhecido, buscou diminuir-lhe o peso do fardo moral, falando-lhe do futuro e das possibilidades de redenção.

Referiu-se à sua negação, ele que amava o Amigo, e, não obstante, ali estava em reabilitação...

Pedindo para ser admitido como servidor arrependido, o antigo conquistador, que deixara pegadas de sombras pelo caminho, recomeçou a redenção atendendo aos *filhos do Calvário*, no santuário da fraternidade, erguido em nome do Crucificado sem culpa que, diante da mulher adúltera, prescrevera o perdão, por considerar que os seus acusadores eram, por sua vez, todos eles também culpados.

14

A PACIÊNCIA DE JESUS

A usurpação do poder político abrira espaço para as arbitrariedades e abusos de toda ordem. A famigerada águia romana sobrevoava o cadáver dos povos dominados, espraiando o cepticismo e o horror por onde se encontrava.

Os ideais de nobreza humana haviam cedido lugar aos ignóbeis conluios do crime com a insídia.

O povo, como sói acontecer em circunstâncias equivalentes, entregara-se à lassidão, à suspeita contumaz, ao abandono de si mesmo.

Antes, confiantes em Deus, os israelitas agora duvidavam da Sua proteção, cujos interesses pareciam distantes das necessidades dos Seus *eleitos*.

Os profetas, que se apresentaram em períodos contínuos, agora eram vitimados pela própria inépcia e rapidamente abandonados por aqueles que lhes exalçavam as parcas virtudes.

O clima emocional, portanto, era desanimador.

Teimavam, permanecendo em alguns isolados bolsões ideológicos, aqueles que ambicionavam pela libertação, pela restauração da independência da raça, que voltaria a exaltar Javé, o Todo-Poderoso. Desejavam, no entanto, que surgisse um guerreiro, que fosse igualmente impiedoso, utilizando-se da maquinaria da guerra para exterminar o inimigo e propor o retorno da glória antiga ao país decadente...

A suspeição predominava no relacionamento humano e a traição constituía fenômeno necessário à sobrevivência pessoal e social.

A pressão do dominador conduzia as parcas esperanças a estado lamentável de pessimismo.

Em tal situação, apareceu a figura ímpar de Jesus, abrindo os braços à solidariedade fraternal, acenando com perspectivas de um futuro iluminado para todos.

A Sua voz se erguia ante a multidão expectante como um poema de consolo dirigido aos desesperados e aflitos, facultando-lhes uma visão diferente e feliz da vida.

Os Seus discursos estribavam-se nos temas do cotidiano, nas coisas simples e nas ocorrências de cada hora.

As Suas eram propostas de amor com soluções fáceis de serem aplicadas.

Por essas razões, passou a chamar a atenção, atraiu grupos de curiosos ao Seu círculo de atividades.

Em poucas semanas tornara-se assunto de todas as conversações, notório em todos os meios, e comentado sob os ângulos e a óptica daqueles que se afeiçoavam aos temas em voga.

Era uma aragem refrescante na ardência do sofrimento.

Mais do que uma esperança, fizera-se um lenitivo e um alento inesperado.

A própria Natureza parecia haver-se alterado, tornando-se mais bela e calma.

Por onde Ele passava um vigor novo estabelecia metas elevadas nas mentes e nos corações.

Suas pegadas ficavam impressas nas paisagens das vidas.

Nunca, antes, houvera passado, vivido ali, alguém como Ele.

Quem O visse, escutasse ou sentisse, jamais se olvidaria...

A notícia dos Seus feitos correu com a celeridade de uma centelha de fogo sobre rastilho de pólvora.

A sede de apoio leva o necessitado a uma busca incessante.

A ausência de paz invita-o à tomada de consciência das ações transatas e do que pode ser feito em favor da sua aquisição.

Assim, os sofredores, que se multiplicavam em inconcebível número, acorriam em busca de solução para os problemas que os afligiam.

A variedade de conflitos e necessidades não os separava, antes unia-os na mesma busca, vinculados pela força telúrica do sofrimento.

Desse modo, narra Mateus,[14] acercaram-se d'Ele as multidões, que trouxeram os seus enfermos: cegos, endemoninhados, moucos, padecentes das várias decomposições orgânicas.

Ele tomou as nossas enfermidades e carregou as nossas dores.

---

14. Mateus, 8:16 e 17 (nota da autora espiritual).

(...) E a todos curou, demonstrando a grandiosidade dos Seus valores e a Sua procedência divina.

Sempre se repetirão cenas de tal quilate.

A paciência de Jesus propiciava uma visão mais profunda do que a superficialidade daquelas dores, que eram decorrentes de causas mais graves, porquanto centradas no comportamento anterior das existências humanas.

As criaturas desejavam libertar-se do fardo, não do jugo moral a que prestavam servidão.

Ignorando *a Lei dos Renascimentos*, não sabiam entender a causalidade dos sofrimentos. Tampouco se preocupavam em equipar-se com ações nobilitantes, a fim de se precatarem de futuras dores.

Era a pressa pela liberdade, que não sabiam preservar, e pela saúde, que não entendiam como manter.

Jesus compreendia-lhes o drama e ajudava todos, sem exigências, sem reclamações.

A Sua paciência resultava da compaixão que Ele mantinha em relação aos homens e mulheres sofridos.

Sabia que o povo, explorado e desiludido, era sempre atirado à indiferença e ao desprezo pelos poderosos, enquanto eles, os exploradores, banqueteavam-se no fausto e no abuso da ostentação vazia.

Penetrando psiquicamente no futuro, Ele sabia que todo títere é revel, torna-se desditoso, vindo a expungir o crime mais cedo ou mais tarde, a fim de liberar a consciência e reparar os males que engendrou e praticou em relação aos outros, certamente, contra si mesmo.

Compadecia-se, o Senhor, da ignorância humana, que centralizava suas aspirações no imediato, no transitório, no insignificante.

Na condição de Mestre, Ele veio para despertar as mentes para realidades mais transcendentes, portanto as que são legítimas, até então desconhecidas.

Paciente, amava com ternura as multidões e concedia-lhes o tempo necessário para o amadurecimento do raciocínio e da captação de ideias do bem.

Todo o Seu ministério transcorreu, pois, como lição de paciente amor, ensejando, àqueles que O buscavam, a recuperação orgânica, sem dúvida, mas, também, a oportunidade de identificar os objetivos relevantes, essenciais, que constituem o impositivo da vida na Terra, rumando para a imortalidade.

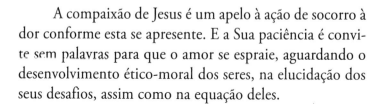

A compaixão de Jesus é um apelo à ação de socorro à dor conforme esta se apresente. E a Sua paciência é convite sem palavras para que o amor se espraie, aguardando o desenvolvimento ético-moral dos seres, na elucidação dos seus desafios, assim como na equação deles.

15

SOFRIMENTO E JESUS

No processo da evolução, o sofrimento se destaca, adquirindo preponderância em face dos constrangimentos e esforços que impõe a fim de ser superado. Predominando nas paisagens terrestres, é ainda recurso de que se utilizam as Leis da Vida para frear a alucinação humana, retemperar o ânimo, aprimorar as arestas morais e trabalhar os metais das imperfeições que prevalecem em a natureza animal dos seres.

Atendessem às instruções do amor, e não haveria defecções, não surgiriam compromissos negativos, não ocorreriam abusos geradores de mecanismos de depuração por meio da dor.

Desatentos à *Lei Natural,* ao fenômeno do amor, os indivíduos agridem-se, deixam-se arrastar pelas opções do prazer fugidio, embrenham-se no emaranhado das paixões primárias e fortes, nas quais se aturdem, permanecendo por largos períodos em desajustes aflitivos.

O sofrimento, disso resultante, propele-os a novas atitudes restauradoras da harmonia, ensejando-lhes um saudável campo de ação, no qual desenvolvem as aptidões inatas e aprimoram-nas com o cinzel do estudo, as ferramentas do trabalho edificante, os instrumentos da abnegação.

O sofrimento irrompe quando o amor recua, ou se entorpece, ou tomba envilecido pelos sentimentos torpes.

Certamente, há o sofrimento do amor, porém, em dimensão transcendente, qual o de Jesus pelas criaturas, pelas multidões inconscientes, que jornadeiam gerando aflições para si mesmas.

Por isso, a Sua compaixão prossegue infinita, e as dores que Lhe são infligidas permanecem como efeito do descaso geral ao Seu inefável amor.

Genesaré era uma cidade de pequeno porte, sem maior relevo ou importância, às margens do mar da Galileia.

Espraiada em uma enseada suave, entre as areias de seixos e pedras miúdas, arredondadas, e os aclives cultivados de cereais, mantinha-se tranquila na geopolítica da sociedade, indiferente aos acontecimentos de Israel.

Utilizaram-se do seu topônimo para também denominar o mar ou o lago de água doce, com doze milhas e meia de comprimento, sete milhas e meia de largura no seu ponto mais largo.

As notícias do Messias haviam também chegado até lá.

Naturalmente, despertaram grande interesse em conhecê-lO, privar-Lhe da intimidade, principalmente receber os benefícios que somente Ele sabia e podia prodigalizar.

Em meio a essas esperanças pairavam, igualmente, dúvidas quanto à Sua procedência, ao Seu poder e autoridade, com altas doses de curiosidade em torno da Sua figura e mensagem.

Os indivíduos são os seus próprios tormentos, aspirações e desalinhos, mediante os quais examinam tudo e todos.

Trigo de Deus

Vivendo os limites que as circunstâncias aldeãs lhes permitiam, os genesarenos não podiam conceber a grandeza do messianato de Jesus.

Portanto, quando Ele e os Seus, após a travessia do lago, aproximaram-se da cidade e ali aportaram, houve uma comoção geral.

Narra Marcos[15] *que, assim que saíram do barco, os de lá O reconheceram, acorreram de toda aquela região e começaram a levar enfermos nos catres para o lugar onde sabiam que Ele se encontrava. Nas aldeias, cidades e casas, onde quer que entrassem, colocavam os enfermos nas praças e rogavam-Lhe que os deixasse tocar pelo menos na franja da Sua capa. E quantos O tocavam ficavam curados.*

O poder de Jesus!

D'Ele se desprendiam virtudes como das rosas perfume.

Quem O tocasse mimetizava-se de saúde e paz, restaurava-se, plenificando-se de harmonia.

Usina geradora de forças, exteriorizava energia curativa, sem qualquer prejuízo para a fonte de produção.

Ele passeava o olhar compassivo sobre as humanas misérias, e recompunha as paisagens conflitivas da alma.

O Seu vigor restaurava as carnes destroçadas e, ao penetrar nos seres, desobstruía-lhes os condutos, facilitava a circulação da vitalidade que devolvia os movimentos aos membros hirtos, aos órgãos paralisados, propiciando-lhes vida.

Ninguém, jamais, surgiria a Ele semelhante, ou nunca, antes, alguém que a Ele se aproximara.

Jesus é Único na Terra!

---

15. Marcos, 6:53 a 56 (nota da autora espiritual).

Os miasmas gerados pelo pessimismo enfermam o ser, e as ondas morbíficas das doenças orgânicas perturbam a mente, alteram a conduta, alucinam a alma.

Jesus conhecia em profundidade o problema das parasitoses psíquicas, das enfermidades degenerativas, e sabia como controlá-las.

Irradiando a Sua energia restauradora, modificava-lhes a estrutura, deixando ao enfermo, no entanto, os resultados futuros, como decorrência dos seus atos. Se pecaminosos, piores dores se propiciavam a si mesmos. Quando sadios, permaneciam em paz.

A saúde, portanto, resulta da harmonia entre o pensamento e a ação enobrecidos, numa perfeita identificação do Espírito que cumpre com o dever, e do corpo, por ele impulsionado, que lhe executa as ordens.

O sofrimento surge como efeito da desobediência, dos abusos, da agressividade, da prevalência do egoísmo em a natureza.

A Boa-nova, em decorrência, é toda um hino ao amor, ao dever, à vida, mediante a utilização correta dos fenômenos biológicos para a elevação do Espírito.

❊

Traziam-Lhe os enfermos e pediam que os deixasse tocá-lO!

Suas vestes eram condutoras da bioenergia curadora, da força de restauração, como os fios que conduzem a eletricidade ou as ondas que portam as telecomunicações.

Um toque n'Ele, ou d'Ele, e a vida se modificava, alterando a estrutura e o comportamento.

Trigo de Deus

Assim, todo sofrimento tem, em Jesus, o seu término e a oportunidade de mais amplas experiências libertadoras.

Sofrimento e Jesus – negação e afirmação da Vida, enigma e equação do ser.

16

A AUTORIDADE DE JESUS

A Galileia era, então, região de temperatura amena, em razão das águas do seu lago ou mar.

As cidades, incrustadas quase às suas margens, pareciam pérolas engastadas entre tufos de tamareiras, laranjais, oliveiras, latadas em flor...

Tiberíades, Cafarnaum, Magdala, Cesareia de Filipe, Betsaida, algumas dessas cidades desfrutavam de notoriedade e erguiam-se com certa majestade, ostentando ruas pavimentadas entre palácios e mansões elegantes, luxuosas, que denotavam poder e ociosidade.

O mar coalhava-se de barcos, pela manhã e à tarde, colorindo-se com velas enfunadas aos ventos, quais manchas diversificadas sobre o dorso das águas tranquilas.

Pela situação geográfica, a quase duzentos e vinte metros abaixo do nível do Mediterrâneo, aquele mar era subitamente sacudido por tempestades violentas que o vergastavam ameaçadoramente.

Piscoso, contribuía para a manutenção da vida em suas praias e cercanias.

No lado oposto a Cafarnaum, *Decápolis,* ou dez cidades gregas, algumas em decadência e quase abandonadas, atraíam a atenção dos galileus humildes.

Era uma região relativamente pobre, de pouca erudição, com uma sinagoga, em Cafarnaum; e, os que ali nasciam e viviam, eram desdenhados pelos oriundos da Judeia, orgulhosa e fria.

Certamente ingênuos, e até mesmo supersticiosos, sem maior tirocínio sobre a *Torá* e as demais leis de Israel, os galileus criam e amavam, sem muita exigência ou qualquer dificuldade.

Respeitavam os códigos estabelecidos, e o povo, em geral, vivia com dignidade e singeleza.

❀

Jesus amava a Galileia e os seus filhos.

Afirmava, em Cafarnaum, que aquele era "o Seu povo".

Ali exerceu o Seu ministério em clima de doação total e ternura.

A paisagem, rica de beleza e cor, as criaturas, sem atavios e sinceras, trabalhadoras e destituídas de ambições aviltadoras, tocavam-Lhe os sentimentos sublimes.

Por isso, ao convocar o colégio, reuniu onze discípulos galileus e apenas um da Judeia, Judas, de Kerioth, aquele que O trairia.

A mente, astuta e perquiridora, inquieta e desconfiada, desarmoniza o sentimento, que se torna suspeitoso, levando à perturbação e à insegurança.

Entre os discípulos, Judas se destacava por não lograr entrosamento emocional nem comportamental com aqueles *filhos da terra,* como, às vezes, eram ironicamente tratados.

A presença d'Ele dava-lhes dignidade, erguia-os do anonimato e da pequenez para as cumeadas de um futuro inimaginável, irisado de bênçãos.

Seu verbo, rico de sabedoria, arrancava do cotidiano lições de ímpar significado, emulando-os à conquista de valores antes desconsiderados, que os tornariam eleitos.

De Suas mãos escorriam energias que recuperavam os corpos e as mentes em desalinho, e os *prodígios* que operava produziram impactos profundos nas massas, que se viam atraídas, seguindo-O em número crescente.

A verdadeira autoridade é a do ser em si mesmo, que vem de Deus.

Não se utiliza da violência, não se impõe.

Irradia-se e todos a sentem.

Respeita-se, desconhecendo-se as razões.

Portadora de estranha quão peculiar força, predomina e convence.

Faz-se mais complexa diante dos Espíritos perturbadores, dos seres aturdidos, *imundos moralmente*, que a ninguém respeitam. Na sua hediondez agridem e agridem-se, violentos. Blasfemam e estertoram sem equilíbrio. Fúrias estimuladas pela perversidade, enfrentam quantos se lhes antepõem ao avanço torpe.

A autoridade de Jesus transcendia ao conhecido.

Sempre testada, jamais foi ultrapassada.

Exteriorizava-se ante a simples presença d'Ele, de Sua voz, de Sua vontade soberana, de Seu amor...

Várias vezes vemos Jesus diante dos Espíritos obsessores, desafiado pela alucinação e perversidade.

A Sua é sempre a atitude do Terapeuta amoroso, que não se agasta, nem reage, socorrendo sempre.

Narra Marcos[16] que, em Cafarnaum, no início do Seu ministério, *entrando Ele na sinagoga, ali estava um homem, com um Espírito impuro, que começou a gritar*:

– *Que tens que ver conosco, Jesus de Nazaré? Vieste para nos perder? Sei quem tu és: o Santo de Deus!*

A estupefação fez-se geral. Os Espíritos conheciam-nO, sabiam da Sua procedência e tarefa.

Patenteava-se a realidade do Mundo causal, espiritual, de onde todos procedemos.

Percebendo-lhe a astúcia, Jesus repreende-o, dizendo-lhe:

–*Cala-te, e sai deste homem!*

Não havia outra alternativa. Nenhuma discussão inútil, nenhuma perda de tempo.

Com poucas palavras e autoridade encerrou o acontecimento.

Surpreendido, o Espírito imundo, depois de sacudir (a vítima) com força, deu um grito e saiu, desligou-se.

Os presentes, espantados, perguntaram-se uns aos outros: que é isto? Eis uma nova doutrina e feita com tal autoridade, que até manda nos Espíritos imundos, e eles Lhe obedecem!

– *E a sua fama* – concluiu o evangelista – *espalhou-se por toda a província da Galileia.*

Era a doutrina nova do amor que chegava à Terra, com tons de ternura e libertação.

Logo mais, prossegue Marcos,[17] *ao cair da tarde, quando o Sol se pôs, trouxeram-Lhe todos os enfermos e possessos, e a cidade inteira estava reunida junto à porta. Curou mui-*

---

16. Marcos, 1:23 a 28.

17. Marcos, 1:32 a 34 (notas da autora espiritual).

tos enfermos atormentados por diversos males e expulsou mui-
tos demônios; mas não deixava falar os demônios porque sa-
biam quem Ele era.

A notícia deve ser apresentada no momento próprio.

As pessoas necessitam ver para crer. Primeiro os atos, depois as palavras.

Não havia, nem há necessidade de pressa.

Há um ciclo para que tudo aconteça.

A precipitação põe a perder os melhores projetos humanos.

É sabedoria saber esperar.

Jesus era sábio.

Não curou todos os enfermos, naquele entardecer, nem deveria fazê-lo.

Há leis que regem o mérito e o demérito de cada pessoa, de cada paciente. São as de *causa e efeito*, que Ele jamais violaria.

Para muitos enfermos, a mais útil terapia seria, e ainda é hoje, a continuação da enfermidade, que lhes evita problemas mais graves, danos maiores.

Tampouco afastou todos os Espíritos de suas vítimas.

Há injunções que elucidam as obsessões e respondem pelos seus oportunos mecanismos, que constituem necessidade de reparação emocional na economia espiritual da vida.

Jesus conhecia as causas profundas de tais alienações e era parcimonioso, justo.

A autoridade de Jesus permanece na memória dos tempos e dos povos.

A região da Galileia recorda-O diante do seu mar piscoso e sob a claridade do mesmo Sol que vestiu de luz as suas paisagens romanescas, amenas.

17

A ORAÇÃO DOMINICAL[18]

Demoravam-se na paisagem tranquila os revérberos do entardecer, matizando com tons rosas, rubros e amarelos as nuvens passantes.

A brisa balouçava o leque verde das tamareiras exuberantes, carregadas de frutos.

Pairavam no ar, impregnando os corações, as ânsias e emoções dos acontecimentos que há pouco presenciaram.

O Mestre agigantava-se aos olhos da multidão.

O Seu estoicismo, revelado na conduta austera, exteriorizava-se na palavra ora dúlcida, ora enérgica, e nas ações enobrecidas com que favorecia aqueles que O buscavam.

Jamais alguém conseguira realizar tão admiráveis fenômenos de que somente Ele se fazia agente sublime.

A inveja rastreava-Lhe os passos, e as disputas vulgares entreteciam duelos emocionais entre os frívolos que Lhe buscavam a afeição.

O certo é que Ele viera para libertar as consciências e insculpir vidas nos painéis do amor.

Desse modo, as multidões sucediam-se-Lhe à volta, sedentas, emocionadas, confiantes.

---

18. Mateus, 6:9 a 15 (nota da autora espiritual).

Ele era portador das bênçãos de que todos necessitavam.

Na Sua simplicidade afável, Ele penetrava os recônditos do ser, sem exibir-lhes as exulcerações.

Os Seus silêncios eram tão eloquentes quanto as Suas palavras e deixavam impressas nas almas as marcas de luz da libertação.

A Sua voz, há pouco, terminara de envolver os homens nas esperanças e consolações do Soberano Código das Bem-aventuranças.[19]

O odor de santidade e o vigor da sabedoria decorrentes da Carta Magna ainda inebriavam os ouvintes quando os Seus discípulos d'Ele se acercaram, e um deles, comovido, interessado em compreendê-lO, interrogou-O:

– *Senhor, por que orais tanto? Sempre quando terminadas as tarefas, por que buscais o silêncio e penetrais na oração?*

Havia sadia curiosidade no questionamento do discípulo devotado.

Relanceando o olhar em torno e aplaudido pela musicalidade da Natureza em festa, Ele respondeu:

– *A alma tem necessidade da oração em maior dosagem do que o corpo de pão.*

"Orar é buscar Deus, penetrando-Lhe nas mercês e haurindo resistência nos Seus recursos divinos. O silêncio propicia a busca; a solidão renova as energias e a comunhão com

---

19. Os evangelistas não precisam o local do acontecimento. Mateus situa-o após o "Sermão da Montanha", de que nos utilizamos para os presentes comentários. Vide o cap. V do livro *Luz do mundo*, de nossa autoria – LEAL (nota da autora espiritual).

a Fonte Geradora de Vida faculta o prosseguimento dos compromissos abraçados."

– *Mesmo vós* – reinquiriu o amigo –, *que sois o Caminho para o Pai e o Seu Messias para a Humanidade, tendes necessidade de orar?*

– *A chama que ilumina* – elucidou paciente – *gasta o combustível que a sustenta, e a chuva que irriga o solo retorna à nuvem de onde provém.*

"O intercâmbio de forças com o Pai criador restaura-as na criatura, e eu próprio n'Ele encontro o reforço de sustentação para o messianato de amor em Seu nome."

Absorvido pelos ensinamentos elevados, João, que mais O amava, enternecido, inquiriu:

– *E todos temos necessidade e dever de orar?*

O Mestre benevolente envolveu o jovem em um luminoso olhar de bondade e elucidou:

– *O homem que ora eleva-se no rumo da Grande Luz e nimba-se de claridade radiosa.*

Desejando que o ensinamento jamais fosse esquecido, o Mestre expôs:

– *O Pai Celeste pode ser comparado a um rei poderoso que administra os seus domínios mediante a cooperação de abnegados Ministros, que a seu turno se equipam de secretários, auxiliares e inumeráveis cooperadores abnegados.*

"Cada um deles rege um departamento específico, a fim de coordenar atividades e atender-lhes o impositivo.

"À semelhança de todo reino, a variedade de deveres exige responsáveis para a sua execução.

"O Ministério da Oração é um dos mais delicados setores. Exige hábeis servidores que se encarregam de registrar as

solicitações em preces, selecioná-las e cuidar do seu atendimento conforme a procedência de cada emissão de onda mental.

"Em razão disso, a oração deve ser uma vibração sincera, carregada de emoção, ao invés de inexpressivo palavreado sem a participação dos sentimentos honestos de elevação.

"A oração é um apelo que, no entanto, deve alcançar mais ampla expressão, tornando-se, num momento, um hino de louvor; vezes outras, constituindo-se uma rogativa de auxílio e, por fim, um cântico de gratidão.

"Examinados o mérito e as necessidades daquele que ora, são-lhe encaminhadas as respostas compatíveis com a sua realidade, tendo-se em vista sempre o seu progresso e crescimento diante da Vida.

"Esse intercâmbio mental carreia vitalidade e restabelece os centros de energia da criatura que ora.

"Claro está que este é um compromisso de cada indivíduo quite com os deveres sociais e comunitários, a fim de merecer usufruir os benefícios que a cidadania lhe confere."

Silenciando e permitindo que todos auscultassem as vozes inarticuladas da Natureza, aguardou que os companheiros assimilassem o ensinamento profundo, embora a linguagem simples de que se revestia.

Foi nesse comenos que um deles, profundamente sensibilizado, rogou:

– *Senhor, ensina-nos, então, a orar.*

E Ele, abrindo a Sua boca, desatando as melodias latentes no coração, propôs-lhes a oração dominical, dizendo:

Pai Nosso, que estás nos Céus...

A dúlcida palavra, vestindo de sons o pensamento sublime, no qual estão exaradas todas as necessidades humanas, ofereceu-nos o legado precioso da prece, mediante a qual a criatura se comunica com o Seu Criador, e Este lhe responde pelos mecanismos santificantes da inspiração, equipando-a com os recursos próprios para enfrentar todos os dissabores, infortúnios, amarguras, desafios, ou as alegrias e benesses que fazem parte do seu dia a dia no formoso processo da sua evolução.

18
O POEMA DE LIBERTAÇÃO[20]

Aquela montanha bucólica era-lhe familiar. Habituara-se a galgá-la, vezes sem conta, deixando-se arrebatar pela paisagem cromática a desenhar-se da altura.

Abaixo, o lago de Genesaré, normalmente em esplendor, refletindo a beleza do céu transparente, fascinava-o; e os montes altos, desolados, da região oposta, pareciam falar da aridez das terras e dos corações que os habitavam.

Os tufos de tamareiras verdes, farfalhantes à brisa noturna, desafiavam os ventos inesperados que sopravam durante as tempestades, que agigantavam o dorso das águas serenas repousando na imensa depressão terrestre...

Assim, depois que o Mestre, os discípulos e a multidão se dispersaram, ele resolveu ficar ali, ensimesmado, deliciando-se com o murmúrio da brisa perfumada e a recordação das palavras do Amigo Sublime.

Como O amava!

A Sua voz penetrava-lhe as *carnes* da alma qual lâmina aguçada, que rasga até as profundidades máximas. Mas não

---

20. Mateus, 6:9 a 13 (nota da autora espiritual).

o afligia, antes lhe abria escaninhos preciosos onde guardava os tesouros da ternura, da afabilidade e do amor gentil.

Ressoava-lhe na acústica da alma o poema da oração.

Nunca percebera, com precisão, a grandeza, a gravidade da prece, a sua magia e exuberância.

Nas palavras enunciadas com harmonia e ritmo havia beleza transcendente, mas de fácil memorização.

Comovido, João reclinou-se na relva macia e repousou a cabeça jovem no dossel de musgos suaves, contemplando o céu de azul-marinho salpicado de diamantes estelares.

Pela recordação afetuosa, começou a repetir as frases, síntese de todas as necessidades humanas:

– *Pai Nosso, que estás nos Céus...*

A frase convidava à exaltação do pensamento. Toda emotividade embutida no ser rompeu-lhe as comportas-limites, e ele deixou-se arrebatar por inesperadas e inabituais reflexóes.

Seus pais – raciocinou – nâo eram apenas Salomé e Zebedeu, que o geraram no corpo. Também eles, de certo modo, eram seus irmãos. Deus, sim, era o Genitor Divino, e todas as criaturas, Seus filhos em processo de crescimento.

O adversário, também, dessa forma, se lhe tornava irmão, porque filho de Deus.

Para que, entáo, ter inimigos?!

Conservar a animosidade é defraudar o amor, corromper os sentimentos trabalhados para a fraternidade universal.

As consideraçóes alargavam-lhe os horizontes da humana compreensáo, faziam-no perceber melhor a magnitude do amor do Mestre.

Tinha a sensação de que Ele estava ali, a ciciar-lhe o entendimento, pois que, antes, jamais excogitara de elucubrações conforme as que ora lhe ocorriam.

Veio-lhe à mente a segunda proposição:

– *Santificado seja o Teu nome!*

O Universo canta a glória de Deus, como relata o salmista Davi.[21]

As miríades de lanternas luminosas, presas no acolchoado da noite, glorificam o Pai Criador.

O vergel derrama perfume no ar, bendizendo-Lhe a Obra.

A música da Natureza expressa a gratidão da vida em formas infinitas e exalta o Excelso Construtor.

Tudo são expressões de reconhecimento ao Progenitor não gerado.

O homem, porém, deve santificar-Lhe o nome *não o pronunciando em vão*, todavia, repetindo-o sem palavras mediante o amor ao próximo, o culto ao dever, as realizações enobrecedoras.

Em toda parte se pode sentir o pulsar de Deus, regendo a orquestração da Sua Sinfonia Imperecível.

Havia lágrimas nos olhos, que desciam quentes e vagarosas.

Envolvido pela emoção em crescimento, o jovem repetiu, quase sem se dar conta:

– *Venha o Teu Reino!*

O reino de paz há de assenhorear-se do coração – conjecturou. – Esse reino estava além dos limites terrenais, in-

---

21. Salmo 19:1 – "Os céus proclamam a glória de Deus, e o firmamento anuncia as obras das Suas mãos" (nota da autora espiritual).

visível, podendo expressar-se no comportamento, habitado pela população dos sentimentos elevados.

Nesse reino, a ternura deve confraternizar com a brutalidade e superá-la; a inveja ceder o passo à solidariedade; a meiguice apagar o fogaréu do ódio.

O cardo e a erva boa medrarão juntos no terreno do reino, sem que esta fique asfixiada por aquele; o chacal deixará a sua presa viver, e as roseiras, despidas de espinhos, em festões de cores e perfumes, balsamizarão a desolação do pântano...

O Seu é o reino de esperanças e de solidariedade, que virá ao homem e o alçará à harmonia.

A balsamina e a lavanda, carreadas pelo vento brando da noite, rociaram a face do discípulo emocionado, e ele, por automatismo natural, sussurrou:

– *Faça-se a Tua vontade...*

Como entender o desejo do Pai se o filho recusa-Lhe a convivência em atitude de rebeldia?!

Somente a docilidade abranda os golpes do destino, como o algodão diminui o impacto dos petardos.

É necessário compreender que tudo ocorre para o maior crescimento do filho, quando este aceitar o impositivo do sofrimento.

O Pai-Amor confere a experiência dolorosa a fim de facultar ao homem a perfeita compreensão da sua fragilidade terrestre e da sua destinação celeste.

Diante de qualquer ocorrência, que ele possa repetir: *Devo aproveitar o que me acontece, por ser indispensável ao meu aperfeiçoamento moral.*

Submissão lúcida é atitude de sabedoria.

Trigo de Deus

Paz no coração é fruto de prolongada sementeira de amor.

Lutar contra o aguilhão significa aprofundar as feridas e as dilacerações.

O coração, em ritmo descompassado, estava prestes a explodir-lhe no peito.

O crescendo das recordações propiciou-lhe a frase:

– *Assim na Terra como no Céu...*

O homem é viajor das estrelas. Não serão elas, por acaso, pousos divinos, departamentos da Casa do Pai?

Em toda parte vige a vontade soberana, e aceitá-la é a alternativa única.

O rebelde encontra-se em tresvario, e o caminho por ele não percorrido ficará aguardando-o.

O egoísta, que despreza os códigos do Amor e da Justiça, padecerá, por livre escolha, constrição da própria desdita.

Na Terra e no Céu se encontram os mesmos Decretos Divinos, os quais promovem a ventura dos seres.

O Céu começa na Terra, e o homem avança a passos de coragem e de abnegação.

Ao longe, as lanternas dos pescadores oscilando nas barcas, pareciam confraternizar com os astros fulgurantes no firmamento.

João ergueu-se e abriu os braços como se desejasse afagar a imensa, a abençoada paisagem que Ele emoldurara com o Seu verbo de amor.

– *Dá-nos o pão de cada dia* – recordou-se, entusiasmado.

O pão é força motriz para a conservação do corpo, para o seu desenvolvimento.

Lá, a distância, o mar piscoso, os campos de trigo, as vinhas, as plantações de leguminosas, o pastoreio...

Que não faltasse o alimento para o corpo, a fim de manter a alma, que se nutre de amor e se vitaliza na ação do bem.

Pão e vida são termos da equação existencial... Dá-nos hoje!

– Perdoa as nossas dívidas, como perdoamos aos que nos devem. – Perdoa as nossas ofensas, como perdoamos aos que nos ofenderam...

A alma exultante penetrava na grandeza praticada do amor, que é o perdão. Todavia, somente quem o doa, merece-o; apenas quem desculpa as ofensas é credor de ser exonerado da culpa.

Todos os homens se equivocam e, por isso mesmo, são frágeis que se tornam fortes em face do perdão que distendem na direção daqueles que os ofendem e magoam.

Maior é a felicidade de quem expressa o perdão. O perdoado é alguém em processo de recuperação; no entanto, aquele que lhe dispensa o esquecimento do mal já alcançou as alturas do bem e da solidariedade.

O perdão acalma e abençoa o seu doador.

Quando se entenda que perdoar é conquistar enobrecimento, o homem se fará forte pelas concessões de amor e compreensão que seja capaz de distribuir.

A noite avançava com a sua carruagem de sombras e estrelas na direção da madrugada.

A magia da hora eternizava no jovem o ensinamento sublime.

– Não nos deixes entregues à tentação – evocou, agora, quase a sorrir.

Trigo de Deus

O maior inimigo do homem – pensou, alargando reflexões – está dentro dele mesmo: são as paixões inferiores que o mantêm asselvajado, furibundo, reacionário.

A tentação alcança a sua vítima graças às brechas morais que esta possui. Latentes, as imperfeições favorecem a sintonia com as mazelas alheias. Dominadoras, exercem o seu jugo, levando aos desequilíbrios e promovendo a ruína das mais belas aspirações.

Só o auxílio divino possui o recurso liberativo contra as tentações que pululam, discretas ou bulhentas, em toda parte.

Vencê-las é a forma eficaz para conseguir-se a paz. Não se deixar tentar, não possuir tentações, eis a meta.

O calidoscópio evocativo chegava ao seu final.

Ainda escutava as últimas advertências:

– *Mas livra-nos do mal...*

O mal é o adversário do bem, mas que não tem existência real; no entanto, entorpece os sentimentos, esfacela os ideais, desarticula as emoções.

O mal desaparece ante a ação do bem.

Residente no interior do homem ainda primitivo, escraviza-o, atormenta-o em profundidade e longo curso.

Acendendo-se a luz, desaparecem as sombras dominantes.

O mal é transitório, produz danos e não tem dignidade nem escrúpulos.

O amor do Pai suaviza-o, decompõe-no, anula-o, caso a criatura se deixe conduzir docilmente...

Chegava o momento último. Poucas palavras.

Um grande silêncio havia empolgado os ouvintes, quando Ele, Soberano e Justo, declarara:

– *Assim seja.*
Os desejos santificantes – concluiu o jovem – que se cumpram. Ante, porém, a sabedoria do Amor, curve-se o homem, especialmente nas sutilezas que lhe escapam à compreensão, ao discernimento, necessárias ao desenvolvimento dos seus valores latentes.

Confiar e deixar-se conduzir. Seja assim a vida do filho em relação ao Pai.

A oração singela e profunda ficaria como diretriz, como modelo para o intercâmbio com Deus.

Nem o palavrório insensato dos fariseus, nem o silêncio rígido dos orgulhosos. Alma e coração em colóquio com o Amantíssimo.

João voltou a recostar-se no leito maternal do solo; e, embriagado pelas bênçãos da Natureza em festa, adormeceu...

19

O Senhor dos Espíritos

Quando o mundo conhecido situava-se praticamente às margens do Mediterrâneo, a Fenícia celebrizou-se, sobretudo, pela sua privilegiada posição geográfica, notabilizando-se, entre outras, as colônias de Tiro e Sídon.

A primeira foi fundada, aproximadamente, no terceiro milênio a.C., adquirindo hegemonia sobre os demais portos do país até o século XIV a.C.

Ali se encontravam as caravanas provindas de outras regiões e do deserto, tornando-se o centro de progresso do país e expandindo-o pelo Mediterrâneo.

Suas indústrias eram prósperas e especialmente produziam tecidos, púrpura, vidrarias, que eram negociados por todo o Oriente.

Cartago tornou-se-lhe a principal e fecunda colônia, impondo-se, mais tarde, a Sídon, por volta do século IX a.C.

Lutou bravamente contra os assírios, fez-se respeitada nas guerras sustentadas contra Nabucodonosor e, mais tarde, contra Alexandre, nos séculos VI e IV a.C., respectivamente.

Fez-se parte do Reino Selêucida, e foi submetida ao Império Romano a partir de 64 a.C.

Os árabes dominaram-na, desde 638 e a sua atividade comercial ficou gravemente prejudicada e começou a perder a pujança e o poderio.

Renasceu o seu prestígio com a tomada pelos cruzados, em 1124, e foi beneficiada com a assistência dos venezianos em expansão na época.

Sitiada e conquistada pelos mamelucos do Egito, voltou a entrar em decadência e passou a plano secundário na História (1291).

Hoje, Tiro é conhecida como Sur e pertence ao Líbano.

❈

Sídon, igualmente situada em uma ilha da Fenícia, gozou de grande importância como porto próspero no Mediterrâneo, por volta do II milênio a.C. Dominada pelos filisteus, a partir de 1200 a.C., cedeu seu lugar de relevo para Tiro, que rivalizava com ela.

Vencida pelos assírios, em 678 a.C., foi arrasada por um terremoto, em 501 a.C.

Quando a Fenícia passou à dominação dos árabes, estes a transformaram em porto militar.

Celebrizou-se, posteriormente, pelos achados arqueológicos, em Kafer Djara, cujas necrópoles datam do II milênio a.C.

Os túmulos de paredes pintadas, pertencentes ao período helênico, foram descobertos nos contrafortes do monte Líbano, retratando o seu período de grandeza, que deslumbra os estudiosos contemporâneos.

Os vários sarcófagos encontrados a partir do século XIX dão ideia da opulência dos seus mandatários, alguns dos quais se encontram no museu do Louvre, em Paris (rei

Trigo de Deus

Eshmun'azar), bem como no museu de Istambul (Tabnit e os chamados de Alexandre, das carpideiras, dos sátrapas, dos lícios).

Atualmente pertence ao Líbano, com o nome de Saïda, não gozando de maior importância.

❀

Mais de uma vez o Evangelho refere-se às *bandas de Tiro e Sídon*, que Jesus percorreu nas suas contínuas peregrinações de expansão do *Reino de Deus*.

Por serem terras estrangeiras, os judeus as tinham como gentias, não lhes merecendo os seus filhos qualquer consideração.

O Mestre terminara, como de hábito, um dos seus sermões, e as advertências verberavam a conduta farisaica.

Admoestando os hipócritas, elucidava quanto ao comportamento honorável diante de alguns fariseus e escribas, que vieram de Jerusalém visitá-lO, interrogando-O com a habilidade malfazeja que os caracterizava.

O sofisma, brandindo astúcia, ainda é arma traiçoeira. A hipocrisia, que disfarça os sentimentos vis, constitui-lhe mecanismo de expressão.

Ainda hoje eles permanecem no contexto social, afligindo e zombando dos homens nobres e dos seus ideais. Ninguém lhes escapa à mordacidade ou foge da sua gratuita perseguição.

Os homens *menores* não perdoam os gênios, os santos, os heróis, os grandes homens, que se lhes tornam inacessíveis.

Não os podendo alcançar, por faltar-lhes a inteireza espiritual, tentam dificultar-lhes a marcha, azucrinando-os, ou desejando fazê-lo, com a inveja, o ciúme, a mesquinhez que os repletam.

Jesus sofreu-os, reiteradas vezes, imarcescível e superior.

Naquele ensejo, o Senhor encerrara as suas admoestações, repetindo Isaías:[22] *Este povo honra-me com os lábios, mas o coração está longe de mim. É vão o culto que me prestam, ensinando doutrinas que são preceitos humanos.*

Deixou-os atônitos e, chamando a multidão, saiu a ensinar.

As frases e paráfrases, ricas de luz, eram enunciadas com a melodia que facultava a sua memorização.

Os conceitos, breves e diretos, mantinham um ritmo propiciatório à fixação mental.

Sem rebuços, nem rodeios, a Sua era, e é, mensagem de vida.

Escutai e tratai de compreender – disse com perspicácia.

– Não é aquilo que entra pela boca que torna o homem impuro, mas o que lhe sai da boca.

E porque alguém Lhe informasse que os fariseus haviam ficado indignados com a Sua palavra e liberdade, Ele prosseguiu:

– Toda planta que não haja sido cultivada por meu Pai Celeste será arrancada. Deixai-os, são cegos a conduzirem outros cegos. Ora, se um cego guiar outro cego, cairão ambos no abismo.

É o coração, o *lugar* de onde procedem os sentimentos do homem e que o tornam bom ou desditoso.

O alimento que percorre o aparelho digestivo não tem interferência moral.

A gula, a prevaricação, o crime, não decorrem do tipo de alimentação usada, mas sim dos valores morais do homem. São eles que tornam impura a criatura.

---

22. Mateus, 15:8 a 14 (nota da autora espiritual).

Lavar as mãos, atender aos deveres externos, são cuidados sociais, de higiene, de saúde, não de comportamento ou elevação espiritual.

Dali retirando-se, Ele partiu com os discípulos para os lados de Tiro e Sídon.[23]

Vendo-O, uma mulher cananeia, que viera daquela região, começou a gritar:

– *Tem piedade de mim, Senhor, Filho de Davi! Minha filha está cruelmente atormentada por um demônio!*

Mas Ele não respondeu palavra.

Psicólogo profundo, conhecedor da alma humana em detalhes, Jesus aguardou os acontecimentos. Sabia da impaciência, conhecia a irritabilidade dos amigos. Estas logo se manifestaram.

– *Despacha-a* – propuseram –, *porque ela persegue-nos com os seus gritos.*

Jesus redarguiu, então, compassivo: – *Não fui enviado senão às ovelhas perdidas da casa de Israel.*

A mulher, exausta, prostrou-se-Lhe aos pés e suplicou:

– *Socorre-me, Senhor!*

Havia dores indefiníveis na rogativa.

O coração e a alma dilacerados defrontavam a esperança e a fé.

Ela sabia que Ele curaria sua filha. Seus sentimentos maternos adivinhavam-no. Esqueceu-se de si mesma, perdeu os escrúpulos, encorajou-se e enfrentou os preconceitos sórdidos.

---

23. Mateus, 15:21 a 28 (nota da autora espiritual).

Desejando insculpir a fogo, nas almas, a lição, Jesus pareceu indiferente e esclareceu:

– *(...) Não é justo que se tome o pão dos filhos para o lançar aos cachorros.*

– *É verdade, Senhor* – retorquiu ela –, *mas até os cachorros comem as migalhas que caem das mesas dos seus donos.*

Um frêmito percorreu os presentes.

A declaração verdadeira comoveu, arrancou a solidariedade adormecida nos corações, impôs respeito.

Jesus, então, respondeu-lhe:

– *Ó mulher, grande é a tua fé! Faça-se como desejas.*

Uma aragem branda perpassou no ar morno e agitou os cabelos do Rabi.

A estrangeira se levantou e tinha os olhos nublados de pranto.

Reconhecimento e amor eram a melodia que lhe musicava o íntimo.

A palavra estava estrangulada na garganta túrgida.

Ela correu ao lar, e a filha, antes subjugada por Espírito cruel, recebeu-a, emocionada.

E, a partir desse instante – narra a testemunha evangélica – a filha dela achou-se curada.

O poder de Jesus é a força do Seu amor. Os mentores nobres obedecem-Lhe.

Ele deseja, e servidores abnegados atendem-nO, prestimosos.

Ele dilata a Sua vontade e altera a estrutura dos seres, as circunstâncias vigentes, os eventos.

Ele é o Senhor dos Espíritos, que se Lhe submetem de imediato.

20
JESUS E AVAREZA

A mole humana, em suas necessidades, de certo modo faz recordar as sucessivas ondas do mar. Umas após outras se sobrepõem em contínuo afã, para confundir-se nas areias imensas das largas praias que se deixam afagar.

Jesus, da mesma forma, lembra um oceano de infinito amor, cuja ternura se espraiava em constantes vagas de afeição, envolvendo as criaturas humanas que O buscavam.

Desse modo, dois oceanos se confundiam no mesmo infinito: a Misericórdia do Senhor e as ansiedades das massas em sofrimento.

Por onde Ele passava, as aflições Lhe corriam após, mantendo a certeza de que seriam atendidas.

De cidade em cidade, seguiam-nO os corações dilacerados e as almas em padecimento, em face das dadivosas mercês que d'Ele recebiam, alterando-lhes a paisagem interior e proporcionando-lhes saúde, paz, consolação...

As bênçãos de Jesus eram pão e vida!

✻

O poder político gerador de misérias, quando arbitrário, fomenta os desequilíbrios e estabelece a vigência do suborno moral, da indignidade.

Ao lado de tal infeliz conjuntura, medra a ignorância, responsável pelas mais terríveis chagas da alma, dando nascimento aos inimigos do progresso e da felicidade humana.

A ignorância, que engendra males graves, faz-se ainda mais cruel quando se estabelece na alma e asfixia-a na teimosa indiferença ante as realidades do Espírito.

A conquista desses preciosos valores da vida, um dos quais derivado do amor, deve constituir meta e linha de comportamento do homem: a generosidade!

Tem escasseado na sociedade de todas as épocas a vivência da generosidade, que é a alma da beneficência e da caridade, pilastras do equilíbrio da comunidade, que a tornam ditosa.

Em detrimento da elevação dos sentimentos, um morbo cancerígeno se desenvolve e termina por destruir o organismo no qual se sedia, que é a avareza.

Jesus defrontou-a inúmeras vezes, sempre presente no âmago dos seres.

Nas Suas jornadas messiânicas, encontrou-a naqueles que O buscavam incessantemente.

Retornando de Corazim, após atender as multidões esfaimadas, eis que se Lhe acerca um contendor, pede-Lhe que assuma a posição de juiz e constranja-lhe o irmão a repartir a herança do genitor com ele.[24]

A figura impoluta do Mestre, que desdenhava as mesquinharias e misérias humanas, redarguiu ao aturdido interrogante:

---

24. Lucas, 12:13 a 21 (nota da autora espiritual).

Trigo de Deus

– *(...) Quem me fez de magistrado civil para tal questiúncula?*

As Suas eram as interveniências em favor do tesouro perene que não se gasta, ninguém rouba e não desperta as alucinações alienadoras.

E, porque se encontrava cercado pela ansiedade da massa curiosa e necessitada de esclarecimentos, narrou a excelente parábola, na qual demonstrou como são secundários os bens terrestres.

– *Havia um homem poderoso* – contou com suavidade – *que, possuindo muitos haveres e celeiros, não podia controlar a desmedida ambição. Assim, raciocinou:* "Se eu demolir os meus silos e construir outros maiores, poderei plantar mais, segar em abundância e aumentar a minha fortuna. Após amealhar ao máximo, direi à minha alma: agora repousa, dorme e sê feliz." *No entanto, naquela noite, Deus tomou-lhe a alma. Para que reuniu tantos recursos e moedas?*

Fazendo um breve silêncio, o Amigo Divino considerou:

– *A avareza é doença da alma que devora os alimentos da vida.*

Tóxico letal, envenena primeiro aquele que lhe padece a ingestão, e contamina quantos se lhe acercam, produzindo degenerescências e morte.

Inimiga da sociedade, fomenta a violência, que irrompe do coração lesado e estruge na economia da comunidade onde se expressa. Expande o seu miasma e produz desequilíbrios.

O avaro é alguém que enlouqueceu e ainda não se deu conta.

A fim de que Suas palavras se fixassem na memória dos ouvintes, ensejou algumas reflexões mudas e prosseguiu:

Divaldo Franco / Amélia Rodrigues

– Não é avaro, porém, somente aquele que asfixia, em cofres e celeiros, moedas e grãos; os que entesouram gemas e alimentos, ante as necessidades gerais; as pessoas que acumulam com ambição desmedida. Mas, também, todos quantos, possuindo saúde, negam-se a repartir alegria e fraternidade.

A avareza igualmente se patenteia naqueles que possuem inteligência e se escusam a ensinar os ignorantes; nos portadores de tendências artísticas que se omitem, negando beleza aos painéis entristecidos dos homens.

Há os avaros de amor, que se opõem a distribuir afeição, enclausurando-se na indiferença e na animosidade.

Ninguém é tão destituído de recursos que não possa espargir sementes de esperança, sorrisos de alento, dádivas de ternura, incentivos e solidariedade espiritual.

Perpassavam pela Natureza as vagas perfumadas do cair da tarde, enquanto as primeiras estrelas cintilavam no alto, como resposta da generosidade de Deus para com as necessidades humanas.

Havia um enternecimento que reunia aquelas pessoas desconhecidas entre si, no entanto, unidas pela mesma ansiedade de encontrar a Verdade e a Vida, para retornarem ao ninho doméstico transformadas, restabelecidas.

E como ainda ficassem nos corações algumas íntimas inquietações, o Senhor voltou à tônica e concluiu:

– A avareza entorpece os sentimentos, e a generosidade engrandece-os; a avareza amesquinha, e a generosidade multiplica; a avareza mata, e a generosidade dá vida.

Os tesouros da Vida eterna, que a todos deve interessar por consegui-los, constituem também um desafio aos seus depositários que, felicitados, são convidados a dividi-los, tarefa sublime que os faz multiplicados.

Anunciai, pois, o Reino dos Céus *e suas riquezas, e alegrai-vos ante a generosidade do Pai, que vos alcança e reparte as fortunas da luz do conhecimento que vos banha por dentro e anula toda a* sombra *de que vos deveis libertar.*

E porque se fizesse um grandiloquente silêncio, a multidão começou a dispersar-se nutrida e amparada, enquanto o Mestre reuniu os discípulos e disse-lhes com enternecedora alegria:

— *Vamo-nos daqui!*

(...) E saiu, com antevisão da Humanidade do futuro, quando liberada do câncer da avareza.

21
HINO DE ALEGRIA

A musicalidade alentadora da esperança cantava em toda parte, naqueles dias, o hino de alegria entre os seres renovados.

As notícias de júbilo espocavam e os corações exultavam com expectativas que se transformavam em realidades ditosas.

O povo trazia até Ele os seus enfermos, e a variedade das doenças recebia o mesmo tratamento do amor que libertava.

Coxos e paralíticos confraternizavam na recuperação; cegos e surdos comoviam-se na mesma faixa da saúde recobrada; mudos e epilépticos abraçavam-se após o beneplácito da recomposição orgânica; loucos e obsidiados voltavam à serenidade ante o Seu olhar misericordioso e a Sua palavra generosa...

Esfaimados de pão e de verdade repletavam-se, e, por onde passava Jesus, pegadas luminosas permaneciam inapagáveis.[25]

---

25. Vide o capítulo "Embaixadores da esperança", em *Primícias do Reino*, de nossa autoria. Salvador – LEAL (nota da autora espiritual).

A todos Ele atendia, a todos consolava, e a melodia da Boa-nova penetrava fundo nos seres, como um punhal de luz que lhes rasgasse as trevas densas da ignorância...

❋

Muitos, fascinados, acercavam-se-lhe como candidatos à revolução que Ele pregava e vivia – a revolução do amor incondicional.

Ouvindo-Lhe, porém, as admoestações e diretrizes, afastavam-se, cabisbaixos, receosos.

Este se encontrava ligado a compromissos inadiáveis; esse necessitava regularizar negócios interrompidos; aquele deveria sepultar o pai que morrera, e por isso, não O podiam seguir...

Sem agastar-se jamais, Ele os compreendia, mas continuava o ministério.

A hora, porém, se aproximava e não era possível postergá-la.

❋

Ele chamou outros setenta discípulos, conforme narra Lucas, *e mandou-os adiante de si, dois a dois, a todas as cidades e lugares aonde Ele estava para ir*, a fim de anunciarem o Evangelho.[26]

Instruiu-os com amor e as Suas foram melodias incomparáveis.

Nenhuma preocupação deveriam manter, somente a entrega total e o serviço reto.

O hino de alegria foi então entoado pelos Seus lábios em recomendações ímpares.

26. Lucas, 10:1 a 20 (nota da autora espiritual).

Trigo de Deus

Nunca mais seria olvidado, e suas diretrizes permaneceriam como roteiro perene.

Todos que O amam têm insculpida na alma essa canção de alegria, de serviço e de paz.

❀

Eles partiram emocionados e, ao retornarem, narraram os sucessos, como os Espíritos infelizes se lhes submetiam, como os problemas eram solucionados, como as serpentes e os escorpiões eram pisados sem qualquer dano...

O terreno estava, pois, preparado, e por isso estuavam de felicidade.

Contemplando-lhes o encantamento juvenil, o Senhor completou-lhes a narrativa, asseverando que a sua alegria não deveria vincular-se às conquistas realizadas, mas antes deveriam regozijar-se por *terem os nomes escritos nos céus*.

Somente a interação pensamento e atos faculta o registro do candidato do Evangelho no *livro do Reino dos Céus*.

As conquistas terrestres passam rápidas, mas as realizações de autoiluminação e fraternal auxílio permanecem inalteradas, como tesouros de valor inestimável.

A Sua palavra, em si mesma, é um hino de alegria à vida e de louvor constante ao Pai.

Transformada em ação, conduz à humildade, à renúncia, ao amor pleno.

Cada pensamento d'Ele é como um raio de sol penetrante e vencedor de sombras.

❀

Por muitos séculos, a lição de trabalho dos setenta sensibilizaria almas que se doariam ao ministério com alegria e manteriam viva a Sua lembrança e a Sua Mensagem.

Divaldo Franco / Amélia Rodrigues

Doze séculos depois renasceu aquele discípulo amado (o Pobrezinho de Assis), que O traria de retorno ao convívio da Humanidade. Passou ao futuro como o *irmão sempre alegre* que, renunciando, tornando-se menor, o servo dos seus servos, entoou o hino de alegria perene, deixando inscrito o nome para sempre no *livro* do Reino dos Céus.

22
Eis aqui o Homem[27]

Sua presença incomodava.

A pulcritude e o absoluto desinteresse pelas quinquilharias humanas tornaram-nO antipático aos poderosos, e a Sua autoridade moral apavorava os fracos que se haviam investido de falsa força.

À medida que crescia Sua realidade entre as pessoas, mais aumentava a onda dos ódios e ressentimentos contra Ele.

Insubmisso aos dominadores de Roma e de Jerusalém, não os respeitava, porque lhes conhecia as misérias, embora não os combatesse. Eles eram necessários aos seus coevos, que se lhes assemelhavam.

Seria breve o curso da Sua realização e Ele o sabia. Por isso, não se detinha ante nada, parecendo mesmo querer que tudo acontecesse, que Lhe chegasse a morte, a fim de que triunfasse a vida.

---

27. João, 19:1 a 7 (nota da autora espiritual).

Divaldo Franco / Amélia Rodrigues

Desde a morte de Herodes, o Grande, a Palestina estava em conflitos que se alastraram a partir da sua enfermidade.

Na demência do poder, a sua crueldade fez-se insuportável e, por temer não ser pranteado após o decesso quanto gostaria, deu ordens para que fossem aniquilados os judeus ilustres que mandara aprisionar no hipódromo, igualmente deixou instruções para que os seus guarda-costas matassem Antípatro, seu filho.

O reino ficou dividido entre os seus outros vários filhos, incapazes e pusilânimes, à exceção de Herodes Antipas, outro filho de Maltace da Samaria, sua quarta mulher, o qual mandaria degolar João Batista, a instância de sua sobrinha Salomé.

Sucederam-se, então, atos intérminos de violência, inclusive perpetrados por Arquelau, etnarca dos territórios da Judeia, da Samaria e da Idumeia. Incapaz de frear os acontecimentos em Jerusalém, convocou o exército e, num banho de sangue, ceifou três mil vidas. Depois foi exilado para Viena, aproximadamente no ano VI d.C., por ordem de Augusto...

Em tal desordem, a Palestina passou a ser administrada por procuradores militares, com destaque, entre eles, para Pôncio Pilatos, que se tornou famoso em razão dos acontecimentos que lhe assinalaram o período, com a prisão, julgamento e morte arbitrários de Jesus.

O poder religioso, confundindo-se com o civil e o militar, criava no país uma rede infindável de intrigas, suspeitas e perseguições que tornavam insuportáveis as vidas brilhantes.

Os triunfadores de um momento eram noutro instante combatidos pelo medo de derrubarem os seus chefes, e as ameaças sucediam-se em malhas perigosas.

A fortaleza Antônia, a noroeste do monte do templo, vigiava a inquieta Jerusalém, desafiando o poder do Sinédrio e a prosápia exagerada dos sacerdotes.

É neste cenário de conturbação e paixões que se encontra Jesus.

Depois de preso sem culpa formal, vendido traiçoeiramente pelo amigo invigilante, Ele foi conduzido à presença de Pilatos, que desconhecia as tricas e astúcias religiosas desse povo apaixonado e vingador.

Aguardando um Messias que lhe concedesse o mundo, repudiou Jesus, que lhe oferecia paz.

À doação eterna preferia a transitoriedade terrena e, para consegui-la, utilizava-se de todos os instrumentos imagináveis.

Após dialogar com o prisioneiro e deslumbrar-se com a Sua altivez, Pilatos não Lhe notara qualquer conduta ou pensamento passível de punição, desabonador. Tentara, por isso mesmo, negociar a Sua vida pela vida do salteador Barrabás, sem conseguir êxito.

A alucinação que tomara conta da massa, sustentada pelos profissionais açuladores dos ódios ali mesclados, queria o Justo, não o criminoso; o Sábio, não o selvagem.

Para a multidão é melhor matar quem lhe dá a vida, àquele que lhe insufla o ódio em cuja faixa sintoniza...

O herói provoca inveja, enquanto o réprobo, que inspira desprezo, é aceito, pois que serve de patamar para outros seus semelhantes mais astutos, que se destacam graças a ele...

Jesus não devia continuar vivo, pensavam os famanazes do poder temporal, e Pilatos não sabia como solucionar honradamente a questão.

Pusilânime, não impôs a autoridade que a *Lex Romana* lhe concedia. Quis negociar com o crime organizado e tornou-se um *cristicida*.

Mandou, antes, que O açoitassem, que O flagelassem, a fim de acalmar a malta, que se nutre de sangue inocente.

Cícero considerava a crucificação como *a mais cruel e repugnante das penas* que os romanos aplicavam contra os rebeldes escravos e criminosos bárbaros. Em Jerusalém, ela era reservada aos criminosos comuns.

Parece ter-se originado entre os persas, com o objetivo de impedir-se a ação da impiedade dos delinquentes, coarctando a onda que se espraiava do crime pelo terror.

Jamais, porém, *a pena de morte* trará efeitos benéficos à sociedade ou evitará a criminalidade. Onde viceje, à sua sombra alastram-se a violência, o vício, os delitos mais vis.

Só a educação pode prevenir o mal e corrigir o erro.

Posteriormente, crê-se que foi Alexandre Magno, no seu expansionismo, quem difundiu a crucificação pelo Oriente Médio, sendo mais aprimorada e mais refinada pelos métodos romanos.

A vítima deveria antes ser despida e atada a um poste, passando a receber os açoites, normalmente em número de trinta e nove ou mais, com o *flagrum* – um chicote de couro com várias tiras ou correias, em cujas extremidades havia bolas de chumbo ou afiados pedaços de ossos de carneiro para dilacerar as carnes. Dois sicários aplicavam os golpes, nas costas e nas pernas, sucessivamente, lanhando-as e despedaçando-as, a fim de que as hemorragias quebrassem as resistências da vítima, sem possibilidade de sobrevivência ou de mais demora na cruz...

Jesus havia sido mandado de um para outro lugar e estava exausto, percorrendo, naquela noite sinistra, mais de quatro quilômetros entre um palácio e outro...

Ao ser retirado do madeiro de flagício, foi envolvido por uma túnica de púrpura escarlate e coroado de espinhos, em ultraje à Sua pessoa, em ironia ao Seu Reino, sendo cuspido e azucrinado pela soldadesca.

Na mais terrível solidão humana, Ele aceitou o fardo cruel da ingratidão dos amigos, um dos quais O negara, há pouco, por três vezes consecutivas...

O sangue e o suor abundante misturavam-se na borda das carnes dilaceradas.

Empurrado para o centro do pátio onde Pilatos se encontrava, este gritou para a turba:

– *Eis aqui o homem!*

Nenhuma emoção nos inimigos, príncipes dos sacerdotes e soldados. Mais ódio e rancor.

Em uma só voz, decretaram e selaram, não o destino d'Ele, mas o próprio:

– *Crucifica-O! Crucifica-O!*

– *Mas eu não encontro culpa n'Ele. Tomai-O vós e crucificai-O!*

Um reino em desafio e um Rei em julgamento, numa noite de horror, que nunca mais passaria na história de trevas da Humanidade.

– *Nós temos uma Lei* – bradaram os enlouquecidos adversários da Luz – e, *segundo a nossa Lei, deve morrer, porque se fez Filho de Deus!*

Jamais Ele dissera ser Deus, afirmando-se Seu filho, como todos nós, e tornando-se o caminho para o Pai.

Era necessário demonstrá-lo, porém.

A luz cega os que se aprisionaram longamente nas trevas, e será aceita, bem recebida, vagarosamente. Assim, era necessária a Sua morte, para que das sombras do sepulcro viesse a claridade imortalista encontrar os Seus assassinos, na longa estrada das reencarnações, erguendo-os para os altiplanos da Verdade.

O processo era já irreversível. Instalara-se a hora dolorosa na consciência terrena. As criaturas mergulhavam no abismo da insensatez, nele demorando-se milênios afora, em perseguição de retorno.

Em Jerusalém, preferiram Barrabás e rejeitaram Jesus.

Pilatos prosseguiu lavando as mãos, sem limpar a consciência culpada, sem jamais O esquecer, ele que teve a oportunidade máxima. Suicidando-se depois, mais perturbou o próprio futuro, em vez de solucioná-lo.

Na sucessão dos séculos a consciência humana procura a vida, a libertação, enquanto ouve a voz confusa do procurador romano gritar para a massa, na noite hedionda:

– *Eis aqui o homem!*

23

O TABOR E A IMORTALIDADE

Deslumbrados, ainda, após a transfiguração do Mestre, no ímpar diálogo com Moisés e Elias, em recolhimento todos desceram o Tabor.

Lá em cima ficaram as esplêndidas paisagens espirituais, a comunhão plenificadora com Deus, o silêncio e o êxtase.

Era necessário, porém, por enquanto retornarem ao torvelinho, ao cotidiano, às mesquinharias do imediatismo, às criaturas humanas apaixonadas, sem rumo...

O planalto, onde haviam comungado com o Pensamento Divino, cedia lugar à planície das lutas e disputas pessoais.

Eles, os discípulos, eram criaturas frágeis, que se iam fortalecendo nos sucessivos embates, com os olhos postos no futuro.

Criam no Mestre e temiam, não sabiam o quê.

Amavam-nO, e cada vez mais O conheciam, identificando-O como o Enviado.

Na descida, rompendo o silêncio majestoso, disse-lhes Jesus:

— *A ninguém conteis esta visão, até que o Filho do Homem ressuscite dentre os mortos.*[28]

---

28. Mateus, 17:9 (nota da autora espiritual).

O exuberante fenômeno mediúnico que trouxera de além da morte os ilustres líderes da raça Moisés e Elias deveria ficar ignorado pelas massas, que não o podiam compreender. Somente as pessoas preparadas emocional e psiquicamente dispunham da percepção necessária para entender que ali Moisés revogava a *proibição de se falar com os mortos*, vindo ele próprio demonstrar a possibilidade ora tornada real. A sua proibição quanto à *evocação dos mortos* justificava-se para evitar o abuso em voga, porque nem todos *os mortos* podem retornar, atendendo aos reclamos dos *vivos*, sendo, não raro, substituídos pelos frívolos e mentirosos, que lhes usam os nomes para impor ao homem a liberdade de ação com responsabilidade e o uso do livre-arbítrio; pelo respeito que devem merecer aqueles que aos outros precedem na viagem de volta...

Agora estava derrogada a interdição; porém, o povo não deveria sabê-lo, senão quando Ele próprio, ressurrecto e vivo, retornasse após a tragédia que todos conheceriam.

Aqueles eram momentos de extraordinárias revelações.

As mentes se dilatariam ao infinito, a fim de absorverem os conteúdos imortalistas ali testemunhados.

A morte sempre se apresentou como a grande destruidora da vida, a amarga separadora daqueles que se amam, a indesejada...

Para fugir-lhe à sanha, adornaram o culto à memória dos mortos com exéquias e homenagens, flores e incensos, leituras e lágrimas; de alguma forma tentaram dissimular-lhe a face trágica. Apesar disso, ela permanecia enigmática.

No passado, essas exéquias e o culto aos mortos revestiam-se de processos ritualísticos e complexos cerimoniais, em prova de amor para com alguns, assim como para aplacarem os gênios maus que velavam junto ao cadáver.

Entre os gregos era hábito colocar-se uma moeda entre os dentes do defunto, que variava de valor conforme as posses do extinto, a fim de pagar a Caronte, o barqueiro que o fazia atravessar as águas do Estige, conduzindo-o à outra margem.

Jesus veio demonstrar que a consciência é a portadora do tesouro dos atos de cada um, e que dela ninguém se exime, a partir do momento do grande transe.

Jamais fez apologia da morte, em razão de ela não existir conforme era descrita.

Toda a Sua mensagem é de ação e, por isso mesmo, Ele declarou ser a *ressurreição e a vida*, em incessante convite ao crescimento espiritual.

A partir daquele momento, no monte Tabor, fora inaugurado, conscientemente, por Jesus, o intercâmbio entre os homens e os Espíritos, demonstrando a sobrevivência da vida à morte.

O Reino dos Céus, que está no íntimo de cada criatura, ali esplendeu, grandioso, e Jesus, superando os visitantes do Além, em beleza, poder e glória, transfigurou-se diante dos amigos deslumbrados.

Nunca mais as criaturas perderiam o contato com o Mundo transcendente onde se originam a vida, os seres, a realidade e se reencontram os que mergulham na carne para o processo de evolução, quando cessa o fenômeno biológico.

O Tabor e a imortalidade permaneceram como símbolos da Nova Era.

24
Três vezes O negou

Agigantavam-se as responsabilidades dos discípulos, à medida que se popularizava a mensagem de Jesus. O Mestre permanecia consciente da gravidade da hora e do significado do tempo. Não eles, porém, que não conseguiam impregnar-se da magnitude do ministério.

Desacostumados às tarefas de alto porte, viviam da rotina no trabalho, que faculta o pão e preenche as necessidades diárias imediatas, sem descortino intelectual para os voos gigantescos.

Deslumbravam-se com a Sua doutrina, amavam-nO, porém, sem dimensão mental para a grandeza do que ocorria.

Ainda hoje é assim.

Os cristãos não se dão conta do poder da mensagem, à qual se vincularam por osmose, ou receberam por hereditariedade.

Se a penetrassem com a razão e a vivessem, alterariam completamente a face social e moral da Humanidade, resolveriam os problemas econômicos, políticos, raciais, que enlouquecem e enlutam os povos e dizimam centenas de milhões de vidas.

Aceitam as teses do amor e do perdão, da fraternidade e da justiça, vivendo sobre os vencidos e tripudiando sobre os fracos e necessitados...

Jesus e Sua Doutrina ainda são enigmas para a mentalidade hodierna.

Aqueles que, no entanto, deixaram-se contagiar renovaram a sociedade e tornaram-se exemplos que comovem, dignificam e inspiram o gênero humano.

A turbamulta queria de Jesus pão para o estômago e unguento para as chagas, saúde para os órgãos enfermos, mas nenhum compromisso com a vida responsável.

Como a via na condição de criança leviana, o Senhor a socorria e ministrava-lhe as orientações salvadoras, que se tornavam rumo de segurança e de libertação das paixões selvagens.

Era natural que as forças da ignorância e da perversidade se unissem para impedir a propagação dos ensinos superiores.

Simbolizadas na figura mitológica de *Satanás*, ainda hoje respondem pelas induções ao mal, à indignidade, ao crime, à defecção, à covardia...

Na roupagem física ou dela despidos, esses seres rondam os obreiros do bem e aguardam o momento próprio para desferirem as suas sórdidas agressões.

Sintonizando na faixa dos conflitos das criaturas, facilmente arrastam-nas presas às malhas das suas funestas insinuações.

Porque ingênuos e desarmados de malícia, mesmo advertidos pelo Mestre, os discípulos, a cada momento, cediam às insinuações da força perturbadora que os sitiava.

Trigo de Deus

O poema, rico de detalhes, sobre o Reino de Deus, era apresentado sem cessar.

Naquela noite amena, pontilhada por interrogações quase infantis e expectativas maldefinidas, Jesus acercou-se de Pedro e advertiu-o:

— *Simão, Simão, eis que Satanás obteve permissão para vos joeirar como trigo.*[29]

O trigo joeirado torna-se pão e mil alimentos outros.

O grão produz o grão e, quando esmagado, propicia a manutenção da vida.

Grão é vida!

O coração humano, quando ralado pela dor, liberta emoções transcendentes, qual diamante bruto que, após burilado, fulge como uma estrela.

As resistências morais do ser valem pela forma e grandeza com que suportam as provações e sofrimentos.

Ralar o grão é meio para libertar os recursos nutrientes que nele dormem.

O mesmo ocorre com as pessoas idealistas...

Simão comoveu-se com a revelação. Mas Ele prosseguiu:

— *Porém, eu roguei por ti, para que a tua fé não desfaleça; e tu, uma vez arrependido, fortalece teus irmãos.*

A grave informação tomou o companheiro de grande amargura, e ele respondeu:

— *Senhor, estou pronto a ir contigo, não só para a prisão, mas também para a morte.*

Havia sinceridade na resposta; no entanto, o ser humano é a sua própria fragilidade. Gostaria de ter um com-

---

29. Lucas, 22:31 a 34 (nota da autora espiritual).

portamento, quando derrapa noutro; ser fiel, enquanto foge ou delata...

Jesus conhecia a fundo a fraqueza moral dos seres, e assim mesmo os amava, sem os censurar.

Para que não houvesse dúvida, o Amigo arrematou, algo apiedado do discípulo fraco:

– *Declaro-te, Pedro, que hoje, antes de cantar o galo, três vezes terás negado que me conheces.*

O companheiro protestou confrangido. Era-lhe impossível assim comportar-se. Ele O amava. Abandonara tudo para segui-lO. Demonstrá-lO-ia no momento próprio – protestou intimamente.

Jesus sentia que Lhe chegava a hora. As nuvens borrascosas, prenunciando a tragédia, adensavam-se.

Ele havia realizado o ministério. Amara até o máximo, e agora daria a própria vida em amor.

O Getsêmani, aureolado de luar, aguardava.

A ceia terminara, e o símbolo da união que deveria permanecer arrebentava-se com a saída de Judas, que fora vender o *Cordeiro*.

Uma infinita comoção tomaria conta da Terra logo mais e produziria um terrível sulco nos corações humanos.

Tudo então sucedeu conforme estava previsto.

Os companheiros, sem solidariedade, dormiam, enquanto Ele suava sangue e aguardava.

A agonia mortal começava, para alongar-se por vários séculos.

As estrelas, como olhos divinos, piscavam ao longe, testemunhando.

Ele foi preso e arrastado de um para outro lugar, sem uma palavra de justificativa, sem ninguém que O defendesse...

(...) E naquela noite inesquecível, sob o velário dos astros, três vezes Pedro O negou, após o que cantou o galo.

(...) Três vezes, não apenas uma vez. Mas, arrependeu-se depois e fortaleceu os seus irmãos.

25

APASCENTA O MEU REBANHO

Ainda predominavam nas almas saudosas a melancolia e a dor quase insuportáveis.

Não obstante os acontecimentos festivos mais recentes, pairavam nos seus corações e mentes as lembranças do Amado...

É verdade que Ele retornara do túmulo e dialogara com eles. Não, porém, como acontecera anteriormente.

A glória do reencontro parecia-lhes uma aquarela de luz na lembrança, enquanto aqueles dias, que precederam ao Calvário, eram toda uma sinfonia mística, a cantar na memória das suas recordações.

Nunca mais as suas seriam as mesmas vidas, nem eles voltariam a ser como antes.

Arrancados do anonimato e da simplicidade de homens do povo, eles se viram subitamente atirados ao torvelinho da grande revolução ideológica. É certo que não tinham dimensão da grandeza dos acontecimentos passados nem dos porvindouros. Apesar disso, podiam pressenti-los, e temiam.

Permanecia naquela querida região a presença d'Ele, que impregnara o mar, suas cercanias, com o Seu sublime canto. Cada recanto e aldeia, cada cidade e lugar, possuíam marcas da Sua passagem, e as Suas pegadas se faziam visíveis no poviléu, nos aglomerados de pessoas, nos comentários gerais.

Retornando às atividades anteriores, sem ter ideia exata do que fazerem, os companheiros surpreendiam-se chorando, a evocar os episódios que ali sucederam e que deveriam abalar as estruturas da Humanidade, qual ocorreu depois.

Tentavam recordar cada fato e acontecimento, mantendo-Lhe viva a memória nos comentários incessantes, repassados de ternura e melancolia.

Jesus fora o divisor dos tempos e assinalaria de forma especial a Nova Era com a Sua Mensagem.

Eles pescavam – narra João –, e nada haviam conseguido.[30]

Subitamente, um estranho, da praia, sugeriu-lhes que atirassem as redes para o lado direito da barca, e, ao fazê-lo, por pouco não se romperam ao serem recolhidas.

Retiraram das águas calmas cento e cinquenta e três peixes grandes...

Imediatamente reconheceram o Mestre, que ali estava como no passado, vivo e estuante, sorridente e jovial, superando todas as expectativas do desencanto pelo Seu desaparecimento, que ainda era comentado.

Almoçaram com a alacridade de outrora.

Ao terminar, *à tarde*, Ele assumiu a postura habitual e acercou-se de Pedro, para interrogá-lo com doçura:

– *Simão, filho de João, amas-me mais do que estes?*

---
30. João, 21:15 a 23 (nota da autora espiritual).

Trigo de Deus

A interrogação inesperada fulminou o amigo pescador, que se recordou das negações, e envergonhado, porém honesto e firme, redarguiu:

– *Sim, Senhor; Tu sabes que Te amo.*

A resposta soou como doce campana no ar.

O Mestre relanceou o olhar pelo grupo sorridente, ingênuo, e disse:

– *Apascenta os meus cordeiros.*

Ato contínuo, indagou, com preocupação na voz:

– *Simão, filho de João, amas-me?*

Surpreso, o discípulo contestou:

– Sim, Senhor; Tu sabes que Te amo.

Houve um silêncio rápido e profundo, após o que, pediu:

– *Pastoreia as minhas ovelhas.*

Suave música da Natureza, trazida pela brisa do mar, parecia uma moldura de vibrações elevadas para a tela que formava o cenário do diálogo.

Pela terceira vez, Ele inquiriu:

– *Simão, filho de João, amas-me?*

O discípulo, emocionado, chorou e ripostou:

– *Senhor, Tu conheces todas as coisas, Tu sabes que Te amo. Por que me interrogas por três vezes?*

Disse-lhe Jesus: – *Se me amas, apascenta as minhas ovelhas.*

Penetrando nos tempos do porvir, Jesus sabia das dificuldades para pastorear o rebanho, da diversidade de ovelhas a apascentar, das problemáticas de cada época, das defecções humanas... mas era necessário resguardar os candidatos ao rebanho, e Simão, na primeira etapa, por amor,

155

que é a sublime canção que Ele sempre entoara, deveria ser o condutor.

(...) E, enquanto o silêncio se enriquecia de reflexões e visões de um longínquo futuro de bem-aventuranças, Jesus prosseguiu:

— *Quando eras mais moço, tu te cingias e andavas por onde querias. Quando fores velho, estenderás as mãos e outro te cingirá e te levará para onde não queres.*

Simão percebeu que seria conduzido ao matadouro por estranhas mãos. Isto, porém, não lhe importava naquele momento. O Mestre ali estava, e isto sim, era-lhe tudo. Desejava sorver até a última gota a Sua presença.

Mas Ele prosseguiu falando, anunciando que João, o discípulo amado, não provaria da morte pelo martírio... Seria poupado por amar demais, porém os outros...

O amor supre todas as necessidades, elimina todos os erros, porque propicia renovação e reparação.

O amor é o perene amanhecer, após as sombras ameaçadoras.

A palavra de Jesus, na tônica do amor, é a canção sublime que embalou Sua época e até hoje constitui o apoio e a segurança das vidas que se lhe entregam em totalidade.

Simão reuniu as ovelhas, conduziu-as com carinho e compreendeu, afeiçoado, o ministério que lhe cumpria realizar.

Ao encerrar a jornada na cruz do martírio, pôde deixar por e com amor o rebanho unido, fiel, seguindo no rumo da Luz.

— *(...) Sim, Senhor, eu Te amo.*

— *Então, apascenta o meu rebanho...*

Anotações

Anotações

Anotações

Impressão e Acabamento

Bartiragráfica

(011) 4393-2911